信口者

张启晨　著

贵州出版集团
贵州人民出版社

图书在版编目（CIP）数据

信中书 / 张启晨著. —贵阳：贵州人民出版社，2016.3

ISBN 978-7-221-11884-4

Ⅰ.①信… Ⅱ.①张… Ⅲ.①读书笔记—中国—现代 Ⅳ.①G792

中国版本图书馆CIP数据核字（2016）第065732号

信中书

张启晨 / 著

出 版 人	苏　桦
出版统筹	陈继光
选题策划	陈　实
责任编辑	陈继光　黄蕙心
流程编辑	黄蕙心
封面设计	汪汪书衣
版式设计	陈红昌
出版发行	贵州人民出版社（贵阳市观山湖区会展东路SOHO办公区A座）
印　　刷	长沙鸿发印务实业有限公司（长沙市黄花工业园3号）
版　　次	2016年4月第1版
印　　次	2016年4月第1次
印　　张	14
字　　数	150千字
开　　本	710mm×1000mm　　1/16
书　　号	ISBN 978-7-221-11884-4
定　　价	30.00元

我生命中那些有着晚安的夜

曾经我以为读书可以让我不再困惑，可是随着阅读的深入，我的疑惑却越来越多；曾经我以为读书可以抵抗寂寞，可越是沉醉于阅读，我内心的不安就越是沉重；曾经我以为读书可以改变自己，改变命运，甚至改变自己身边的世界，但是面对太多的人和事，我发现自己还是那么的无能为力。

2014年，《我为读书狂》出版，我和数以万计的同龄人、少年人、中年人、甚至老年人分享读书故事，畅谈青春经历，我用自己的阅读告诉别人，这个时代读书的作用和意义。我以为我用读书改变了一些什么，但是随着繁华和浮躁逐渐褪去，我陷入了更深的孤独和沉默。我烦躁、我不安、我开始质疑自己。曾经担忧疑虑过很多人沉迷并深陷手机网络、无效社交、纸醉金迷的青春，可自己却也在这时候游戏人生、茫然失措，在推杯换盏中呆滞无神、消耗着所剩不多的人生。

读书在这个时代太奢侈了，就像作家们，在这个时代也是举步维艰。参加过一次90后作家联谊大会，看到太多人还在坚持着书写、阅读，这让我欣慰，更让我感动，但是他们的生存现状以及逐渐消耗殆尽的青春理想让我深深担忧，我们或是他们还能坚持多久？读书的意义和用处，真的还在这个时代是无可或缺的吗？曾经我如此坚定不移，可现在却无比怀疑这个我人生近二十年来不变的信条。

于是，我又捧起了那些我一直坚持着，带给我力量，带给我荣誉，也带给我困惑的书籍，我希望他们能一如既往地回答我的问题，告诉我，也告诉更多人，我们的过去，现在和未来！

于是，我开始了《信中书》的书写，66本书籍，66次心灵的拷问和回答，也是66次我内心的强烈震撼。比之过去，比之《我为读书狂》，这本全新的读书笔记有很大的不同，所以我更愿意把这称为我的阅读故事。这本书少了一些青春的狂傲不羁，多了些人性的冷静和反思；少了些童言无忌的点评，多了些青春的体悟和感性。或许我还是没办法回答大多人的困惑和不安，但我希望能用我的阅读，我的人生，告诉你们，那些曾经被书写的故事，传达给我们的真挚、深情、感动、勇气、幸福、灾难、理想、罪恶，用这些，给你们力量，给你们勇气，给你们面对世界的一点小小建议。

书写过程中，太多人有意无意地给我感动，很多读过我文字的朋友，用微博、微信和很多出乎我意料的方式告诉我，她们读完我的文字后的感动和体会，以及我的文字带给她们的激励和力量，这让我欣慰，更令我慎重，坚定的继续这本书的写作。

晚安，世界。晚安，我爱的人们。晚安，那些还没能晚安的朋友们！

目 录

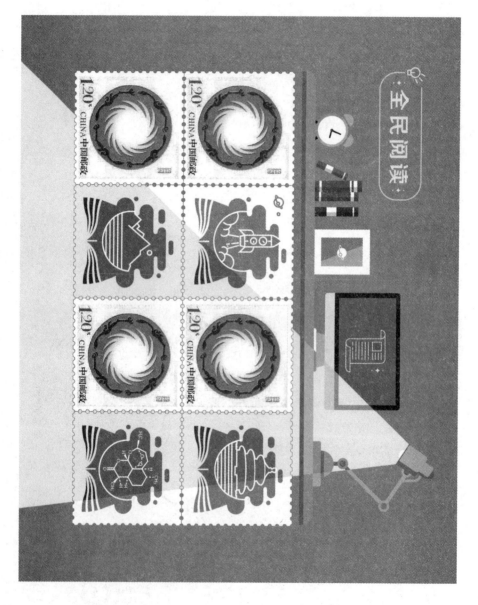

第一章

旅行的意义

旅行的意义

　　曾经听说过有这么一种鸟，它没有双脚，只能不停地在天空飞翔，一旦选择落下，它的生命就会终结。

　　在我们生活的世界里，也有这么一种人，他们喜欢旅游、热爱冒险、热衷挑战，希望用自己的脚丈量世界的距离。

　　生活对于他们而言，就是行走的速度、内心的热度和梦想的长度。

　　可能他们的人生是异常疲惫的，准备、奔波、等待是他们生活乐章的全部，不少人可能像那种传说中的鸟儿一样，把生命都留在了旅途中。

　　但我同样懂得，他们的人生更是幸福的，他们看到了太多我们看不到的世界，他们用眼睛，更是用心记录下那些撼动心灵的瞬间，这些精彩的场景是很多人一辈子都无法领略的。

　　每个人对于幸福的理解都不可能完全相同，对于大多数人而言，旅途的劳累会冲淡他们对于美好行程的期待，未知的危险、昂贵的花费以及风餐露宿的可能会让他们对旅行望而却步。

　　但真正热爱旅行的人们，是不在乎这些的，他们的灵魂是激越的、躁动的、更是勇敢的，挑战和征服是他们人生中不变的追求。

如果对于大多数人而言，人生是一壶清茶、一杯咖啡、一份例汤，那么对他们来说，他们选择的人生就是一泓清泉、一瓶汽水、一杯烈酒。

因为，他们的心始终在路上。

人类的历史就是在旅行中建立的，成吉思汗对世界的征服、哥伦布发现新大陆、闯关东，一次次伟大的旅程改变了世界的格局。长江黄河的治理、巴拿马运河的修建、各种交通网络的建立，距离未曾改变，但却一天天的不再遥远。

人类是渴望旅行的，因为我们来自于自然，有一天也必定会回归于自然，我们希望能在更广阔的世界里呼吸。可城市像一个巨大的锁链，紧紧地钳制住了我们的身体和灵魂，我们缺少勇气、缺少时间、缺少机会，去完成一次次内心的期待。

所以，我们羡慕他们、喜欢他们、支持他们，他们做了我们未曾做过的事，并且那是我们一直渴盼的；他们到过我们没能成行的地方，那是我们梦中时常出现的；他们的脚下，是我们的远方。

人的一生会收获太多遗憾，关于爱、关于梦、关于旅途，我们只能从他们的故事里，抚慰自己那皱褶了的心。

这就是旅行的意义。

就算天真的塌了，也别忘了微笑

—— 蒋勋《吴哥之美》

从没去过东南亚，但在我的主观世界里，那是一片极其糟糕的地方。新闻里，"金三角"地区你打我杀、纷争不休，生命在那一片土地上变得毫无尊严；外交领域，菲律宾政府叫嚣不断，用几艘报废的船只侵占我国合法海域，却在维护本土治安上，严重缺乏作为；在泰国，红衫军绿衫军浩浩荡荡，开战多年，始终未能达成统一意见。

所以，尽管在那个地方，有无数古老的文明遗迹，有无数迷人的小岛，有无数千姿百态的动植物，有无数品种繁多的水果，有无数其他前往的理由，却依旧说服不了我，产生一探究竟的冲动。

可是读了蒋勋老师的《吴哥之美》，我内心一处最为静谧的所在被莫名唤醒。在我的梦里，我时常不自觉地来到吴哥窟，看着沉默千年的佛像，看着他们饱经沧桑的面容，看着面容之上，依旧清晰、笃定的微笑，进而在自己的心中与脸上也自然地用一次微笑来回应。那一刻，年轻的我是幸福的。比起我短短二十余载的辛酸苦辣，那凝固、沉淀了千年的微笑是如此慈悲深厚，在他们温柔的注视下，我整个人都是安静的。

在佛像的周围，是一群休憩、乞讨的人群，他们大多数的身体都是残缺的。经历了多年内战的柬埔寨，地下埋藏了数不清的地雷、陷阱，有的人刚刚还在地里辛勤劳作，下一刻就会被一颗潜伏着的地雷夺去生命；有的人刚刚长大，幸福的生活似乎就在不久之后，可突然的灾难，会让他们永远失去对未来的幻想；还有的本身就是战争的遗留者，在那一场场像是永无休止的厮杀中，他们并没有机会做到全身而退。

最让人痛心的，是在这其中，不少人还只是半大的孩子！

可在蒋勋先生笔下，他们是微笑着的，如同那些屹立千年的佛像一般，他们的微笑是如此真实、动人！

他们是为了什么微笑？他们是怎么做到微笑的？生活对待他们是如此不公平，命运让他们失去了很多平凡人都应该享有的幸福，可他们却从没有忘记过微笑。

是因为他们还依然活着吗？是因为在今天，他们还能吃饱肚子，在这一片温暖的阳光下晒着太阳？还是因为历史上无数次的灾难、战祸，让他们学会了，用更为慈悲、感激的态度对待生命。

我记起了在他们的邻国，另一位完美地诠释了微笑的女子——昂山素季。在她的生命里，密布了无数的微笑，慈悲、宽容、信心、善良、真诚在微笑中绽放，暴力和武器在这微笑下无计可施，死亡和恐怖在这微笑下脆弱不堪。

数十年的监禁岁月里，她失去了自由，失去了一切人身权利，甚至没能见到她最爱的丈夫最后一面。可当她走出监狱时，她依然记得对前来采访的记者露出微笑，完全无视自己身后一个个荷枪实弹的军人们。她知道，还有更多人在等着她，她也相信，她的微笑能改变世界。

而在地球的另一个角落，和她一样获得了诺贝尔和平奖的南非总统曼德拉，在一帮黑人青年的簇拥下，露出了甜美的微笑。他用微笑拯救了整个南非，他那坚持了多年的微笑，成了无数为自由、独立而奔走呼号的奋斗者们不竭的信心和动力。

生活待我们如此温柔，我们有什么理由不去微笑着度过每一天？

认识一个朋友，每次一起出去，他总是笑嘻嘻的，一路上活跃地和大家说着话，似乎世界上没有什么事情是让他感到为难的，但我其实很清楚，在这微笑的背后，是他破碎的家庭、失败的生意、覆水难收的爱情，但他很明白悲伤和愤怒不仅解决不了问题，还会影响身边的人，所以他选择微笑！

大学的朋友，生活在一个落后贫穷却又安逸自足的小城市里，却爱上了一个生长于北京的姑娘。他们的爱情遭到了所有人的反对质疑，但他们总是微笑着回应。男孩没有抱怨、没有颓废、没有放弃，他顶着压力、忍受着辛苦，去了这个之前从没有考虑过的城市，从最底层做起，一步步地争取他们计划好的生活。现在，他们的生活依旧艰辛、困苦，可他们朋友圈里的每一条状态，都是微笑着的，他们的微笑让我相信，幸福总有一天会属于他们，不，幸福从始至终就没离开过他们。在一起，保持微笑，这是很多人用尽一生都没能学会的！

微笑是无法剥夺的，正如同美，同样是无法占有的。

法国人来到了这里，在数年的殖民统治中，带走了黄金珠宝、书籍典藏、粮食矿物，带走了无数他们看中并认为能够带走的珍宝。可这些佛像和微笑却被留下了，并且还花力气、花时间、花精力想要修复这些建筑、雕像，因为他们明白，离开了这片土地，离开了这一片古老的地域，这些砖瓦石块将孤立无援、形单影只，他们希望能复原这一切，把这被人类遗忘、抛弃了的奇迹，重新呈现在世人的面前。

可万恶的战争让这伟大的工程有始无终，考古学家死了，建筑师死了，建筑工人死了，设计图纸、文史资料被毁坏一空，遗迹的四周变为一个个战场，死亡和杀戮充斥了这里，鲜血让足下的土地泥泞猩红，希望是如此遥不可及。

历史总是存在惊人的相似，千年以前，也是因为战争和瘟疫，让这片土地上空无一人，任凭荒草和藤蔓在岁月的流逝中静静地长满了整个城市。植物和雕像、砖石和沙土、阳光和阴影，被时间和外界遗忘了的宫殿庙宇，成了凝固的历史，并见证、守候、记录了发生在它身上的一切因由。

因为战争，这里贫穷落后，这里艰难困苦，这里危机四伏。

可最少，他们还有微笑，这是一种态度、一种作为、一种人生，是希望、是期待、是信仰，拥有它，未来就没有什么好怕的。

所以，周达观先生来了，留下了文辞练达、记述详尽的《真腊风土记》。

所以，国际救援机构来了，带来了医疗、卫生、教育、技术、物质，给这群乐观善良的人们带来更大的信心和希望。

所以，文物考察者、建筑修复者来了，他们一点点摸索，一点点尝试，愿望在有生之年恢复这些建筑的荣光。

所以，蒋勋先生来了，用文字、用图像记录下这里的文化风俗、历史名胜，沿着周达观曾经走过的路，沿着历史和时间在这里留下的脉络。

所以，我在梦中无数次的来了。我明白，我一定会前往这一片土地，不为其他，只想面对一尊尊微笑了千年，并且将继续微笑着的佛像，献上自己的微笑，此生足矣！

信中書

每个爱书人的书柜里总是缺少一本书

——《查令十字街84号》

如果将来我结婚了，我想我的另一半也一定是爱书的，因为我对书的态度，是十分的深情，而两个人能在一起，最基础的感情条件是共同的愿望和爱好。我希望她每次外出，都能记得帮我带回一些好书，给我更是给她自己，因为对于一个爱书人而言，他的书柜里永远缺少那么一本书。

我爱书，在我的爱人没有嫁给我之前，我最好的伴侣就是书，我爱书、读书、四处搜寻书，我生活中很大一部分时间是在书摊、书店、书堆里度过的。可能一些生活多年的老居民，或者寻书多年的人都会知道，每一个城市都会有这么一个地方，在周末时候交易旧书，有的是在寺庙楼阁附近、有的是在花鸟市场旁边、有的可能只是在寻常巷陌，卖书人推个小车、开个马自达，选好地方，满满当当地铺了一地的书。这里的书任你自由挑选、价格也是可以商榷的，如果你看中了，放心大胆的出价，只要买对了，就不存在买贵了。

有时候你可能还会找到一些珍本善本，比如哪位插画大家的原版书，比如你喜欢的某位老作家的初版书，再比如说一些比较小众的，不容易再版的图书。这样的事情是很讲求缘分的，在我最开始闲逛的时候，这样的好事时有发生，等到时间长了，自己有目的地去找书、寻书之时，反而常常是一无所获，但爱书之人的败家特质在这时就暴露无遗了，各个摊点随便走一圈，说不买不买的，还是把背上的书包揣得满满的，才肯打道回府。

1949年10月4日，这对全天下的爱书人而言绝对是个大日子。在这一天，一位生活在美国的落魄写作者，和一位在英国查令十字街经营图书的书商，因为报纸上一则商业广告而结缘，从此开始了长达二十年的书信往来。当时的他们恐怕完全想象不到，他们的这段交集，会成为世界读书史上的一件大事，并且这一封封书信的结集出版，让查令十字街84号成为永恒的丰碑，感动了世界无数的读书人。

在人类的发展历程中，曾诞生过无数的民族，他们在成长、进步的过程里形成了各自独有的民族特性。比如犹太人的聪慧、坚韧；德意志的严谨、精密；美利坚的创造、革新；中华民族的儒雅、勤奋；还有战斗民族俄罗斯的"普京"式强硬，等等。

而提起英国，我们首先想起的自然是"绅士"这个词语，虽然在世界现代化进程中，英国大部分时间是走在前列的，并且在某一段时间，还因为殖民地的"大"和"广"而赢得了"日不落帝国"的称号，可英国并没有因为工业化的覆盖，而丢失了最宝贵的国民特性。这个国家积累了数代的丰厚历史遗产，以及众多文学家留下的思想文化财富，使得今天的英国，像一个没落的贵族，尽管在财政方面因为过重的国家福利而不堪重负，却仍旧维持了一个没落贵族的尊贵和优雅，用一丝不苟的姿态来应对生活。

因为强烈的民族荣誉，以及写作者个人对于文学艺术的极致追求，直到现在，诞生于英国的文学名著，其数量和质量仍旧位居世界前列。而回溯历史，从莎翁到济慈到萧伯纳，无数文字的巨匠在这片土地上创造改写了人类文学的新高度。所以，要想学习世界文学，你必须先去了解英语文学，要想探寻英语文学，你必须去英国，而具体到英国的某一个地方，你最好的选择就是查令十字街84号。

现在的社会，特别讲求进度和效率，从国家层面的GDP，到工业化生产的投入、产出、回报，我们用冷冰冰的数据作为价值评判的最重要依据，指导着具体的作业方式。文化出版业在经历了短暂的挣扎之后，不得不屈服于现实，畅销、流行、市场成为它们选题出版的重要指标。由此虽然每年都会有出版发行数量惊人的图书，但是真正称得上经典的作品却并不多，而随着印刷行业的批量化生产，在市场上出现了很多包装、设计、装帧都极为相似的作品，像是小时候上学时的课本一样，呆板雷同，毫无特色。

所以，那些出版于几十年前乃至于上百年前的旧书，得到了更多读书人的青睐。除了文化本身的价值之外，这些图书的设计和装订也各具特色，尽管因为时间的侵蚀，纸面如枯叶一般微微泛黄，但这浓重的岁月感，反而为文字本身增添了无穷的魅力。如果书的扉页或者正文的空白处，还存有当时阅读者的批注旁白，那就更完美了，像是《红楼梦》中脂砚斋先生的批语一样，且不说为以后的阅读者提供了无穷的探索乐趣，单是这种两个不同时空的灵魂之间的对话交流，就是图书本身带给阅读者最好的礼物！

我认为所有的读书人都会存在这样的体验，我们希望独自一人享受阅读，却又很难抵御独自一人时那深到骨子里的孤独感。所以我遇见好些个包括我自己在内的阅读者，都是彻底的变态，我四处寻找一个绝对安静的环境用来阅读，在阁楼上、在书房里、在人迹罕至的花园旁，抱着一本书，一坐就是一个下午。我醉心于这样隔绝的状态，外界的一点点噪音、一丝丝打扰都会让我烦躁不安、难以忍受，可每次读到精彩处，引发了一些思想上的震荡或者共鸣，又会"如鲠在喉，不吐不快"。我会拾起手机，希望能找到一个分享者，我会自言自语，像一个疯子一样手舞足蹈，有时候甚至会对一个无意间路过的小动物，倾诉自己内心的感悟，直到它们受到惊吓，匆匆逃离……

当然，到最后我找到了一个比较聪明的方法，来满足内心的倾诉欲，比如像现在，你们所看到的文字，就是一个爱书成疯之人所呈现给你们的"病历报告"。

但对于大部分读者而言，孤独感就是在阅读的过程里与生俱来的，我们去书店或者通过网上订购的图书，从过程到结果都是冷冰冰的商业行为，我们很难在这个世界寻找到一位可心的交流者，我们只能接受孤独日日夜夜地对我们的摧残折磨。

但凡事都有意外，《查令十字街84号》就是这意外中的意外。海莲在寄出第一封信时，是那么的小心翼翼，她并没有期待会出现什么美好的结果，她只是想试探一下，报纸上广告的真实性，如果有可能，她也希望这次"冒险"能为自己的书橱添上几本真正满意的作品。

值得庆幸的是，这封信没有落到一个完全意义上的书商手中，而是被一位颇具人文情怀的书店老板接到了，尽管他的回信礼貌拘谨，但还是表露出了一个爱书人对另一个爱书人应有的尊重和热情。

之后，在长达二十年的时间里，海莲和弗兰克，和他的书店"马克斯与科恩书店"，以及书店的全体员工们建立了一种完全超越了交易本身的特殊情感。她从开始文质彬彬的回复，到戏谑调皮的打趣，到假装生气的责问，到撒娇卖萌的小女子姿态，和弗兰克进行了一场书信与心灵的对话，弗兰克也从开始的客气拘谨转变为以后的儒雅斯文到最后的热情幽默无话不谈。

那时候的英国刚刚经历过二战，百废待兴，工业产品和家庭物资配给都完全不能满足人民的生活所需。海莲在得知了这个情况之后，拿出自己微薄的稿酬，为书店的全体人员寄去了节日礼物，让他们品尝到了许久未见的大块的肉，以及大量的鸡蛋。这份情谊漂洋过海，超越了图书交易本身，却又结缘于图书，深深地温暖着马克斯与科恩书店的全体员工，他们除了尽心尽力地为这位爱书成痴的女子搜寻图书外，也回报了他们力所能及的礼物，一本诗集和一幅刺绣桌布，同时也真诚地邀请海莲去往英国，接受他们的款待。

二十年时间，几十本图书，近百封书信，两个国家，一群人，以及一份不变的情谊。他们是幸福的，因为书，因为对彼此的牵挂和祝福，因为一份漫长的等待。他们是遗憾的，一次说了许久，却总未能成行的见面，等到实现时，早已沧海桑田、物是人非。他们更是永远的，对于那一本本的书，对于世间所有的爱书人，对于这一份不变的永恒的爱，因为这一本《查令十字街84号》而天长地久。

弗兰克没能等到海莲，这一份带有朦胧情愫、无尽友谊的等待因为最后的遗憾而分外美丽，虽然在梦里，他们无数次的相见、交谈、互诉衷肠。

马克斯与科恩书店也因为无人打理，在海莲到达英国之前就不再经营了，但这些对我而言可能并不重要，以后有机会，我一定会去那个地方看一看，为了这本书，为了天下无数读书人的梦，为了海莲和我亏欠那个书店的一次问候和一个吻，我一定会去的。

书店在向海莲通报弗兰克死讯时，最后一句话是这么写的"您还要我们继续寻找您所定的书吗？"

需要！当然需要，弗兰克先生离开了，但世上还有千千万万的爱书人，他们孤单且固执，执著且坚定。他们对书的需求和热爱，从没有停止过，他们愿意成为天下书店的顾客、爱人、朋友、父母、孩子，他们的生命和书存在了不可分割的联系。

当然，我将永远是这其中的一员，对了，还包括我今后的爱人和孩子！

有多久，我们没用笔好好写字了

——蒋勋《汉字书法之美》

朋友问我，电子书和纸质书，你更偏爱哪一种？

当然是纸质书了！我的回答毫不犹豫。

那你平时写作是用笔多一点？还是用电脑多一点？

——电脑吧，又简洁又方便。我愣了一下，才给出了答案。

咦？为什么你用电脑来写作，却拒绝用电子产品来阅读呢？

我突然被这个问题问住了，是啊，为什么我一力推崇纸质阅读的厚重和朴实，自己却不能很好地坚持用笔墨纸张来进行文学创作呢？

我已经记不起自己是从什么时候开始接触电脑的，但是目前所保存的大部分创作资料，都是在个人电脑中，也就是说，我几乎所有的创作都是使用电脑完成的。我喜欢触摸书本时，透过指尖传递来的温度和温情，可出于传播和修改的考虑，除了大概的写作提纲，我的大部分写作内容都是通过键盘来实现的。

中间有一段时间，我曾尝试过在稿纸上创作，可是却惊讶地发现，一些耳熟能详的字词，用手书写时，却是勉强写了千把字，腰酸背痛、手软眼花，仅仅挣扎了三四天，就心有余而力不足了！

这是一个非常令人担忧的现象，我们对机器极其依赖，习惯于各种打字法、输入法给我们带来的便利，长此以往，我们付出极大努力才学会的汉字，会不会在这过程中被我们逐渐遗忘？

古书中有这么一段文字描述了汉字的发明，"仓颉造字，天雨粟，鬼夜哭"。虽然这样的形容有些奇幻夸张，但却真实地反映了汉字的神奇伟大。在历史上，有无数的古文明，留下了无数的古文字，可在时代的变迁中，这些古文字一个个的遗失、消亡，最终无从考证，唯有汉字一直留存下来，并且仍旧为现在大部分华人和汉字爱好者们流通使用。

汉字是一种象形文字，象形文字是有内容有生命的，它来自于现实生活，取材于天地万物，不论从形态上、内涵上、寓意上，都是有证可考、有据可查的，并且都是美的产物。所以从发明初始，人们在不断地使用和练习中，就摸索出了一套书写、欣赏、评价它的方法，而这套方法就是"书法"。

那么汉字到底美在哪里？书法又是如何去表现汉字之美的？蒋勋老师的这本《汉字书法之美》详细地从美学角度，解读了汉字和书法的魅力。

蒋勋老师从小接受的是传统的书法练习，他的父亲通过言传身教，手把手地教导他基础的汉字训练。在很长一段时间里，书法练习进展缓慢并且异常枯燥，练习过书法的人应该都知道，书法练习讲求基本功的扎实，几个简单的笔画要反复临摹成千上万遍，并且可能经历了这千锤百炼的过程，也无法达到一个满意的效果。可能不少人也和蒋勋老师一样，是从孩提时期就接受书法训练的，试想一下，让一个天性活泼好动的孩子，枯坐在书桌前，横平竖直、工整严谨，这对他们而言是多么为难的一件事啊！

在这漫长的过程里，有的人刚刚接触就"恨之入骨"，有的人勉强学习了一段时间，就半途而废了，有的人持之以恒，但终其一生也不过是个书法爱好者，只有很少一部分人，走上了专业创作的道路，他们的作品得到了社会的广泛认可，实现了自己一直所追求的艺术价值。

但哪怕是那些略通皮毛的书法学习者，在未来的日子里，书法学习的经验也让他们受益匪浅。以前听过这么一句俗语，叫做"字如其人"，最开始的时候并不清楚它的真正含义，甚至有些不屑一顾。在现实生活里，确实存在不少字写得不好，乃至于大字不识一个的人，却拥有超乎常人的非凡成就，仅凭写字的好坏就去判断一个人的优劣实在太过于武断了。后来接触的多了，才逐渐想明白了这个道理，这里的"字"并不是代指写字本身，而是写字之人的态度和心思，只要态度端正、心思集中，哪怕文字本身拙劣歪斜，也无法否认他们透过书写所体现的他们对事对人一直秉持的用心态度。

书法学习锻炼的就是这种恒定、坚持的态度，笔墨的干湿浓淡、用笔的轻重缓急、用心的恒定如一，以及其他肢体动作的呼应配合，对于一个成熟的书法者而言，缺一不可。试想一下，如果一个人能长期坚持这项文化活动，并且不断地思考改进，他的心智、判断、思想境界都会得到很大程度的提升。所以在我们国家，不少政治家、文学家甚至将军元帅都是忠实的书法爱好者，比如说我们伟大的毛主席，他的书法作品大气恢弘，笔力雄健，别具一格，是不可多得的书法佳作！

蒋勋老师在书中按照朝代的顺序，遴选了一部分书法史上的代表作品，为我们介绍了历朝历代，书法艺术审美标准的变化，以及不同的书法字体具体的艺术特征，展现了不同时期的书法家们风格各异的艺术表现力，也体现了书法本身的艺术张力。

其中重点为我们讲述了一个叫做卫夫人的书法家，卫夫人并没有留下什么书法作品，但她教出了一个非常有名的弟子——王羲之。她的教学方法非常特殊，除了紧抓书法的基础教学外，她非常注重情境化的感受和理解，通过自然万物的交错变化，让弟子们思考揣摩，从中感悟出书写的力量感和意境，进而创作出更具艺术表现力的作品。

王羲之最为著名的一幅作品，天下第一行书《兰亭序》其实只是他乘兴而为的一张草稿，其中有涂改、有增补、有缺漏更有遗憾。但不可否认的是，正是由于这种真情流露，真实地反映了书写者的狂放和率性，配合扎实的书法功底，表现出了书法独特的形态美感。《兰亭序》中二十余种"之"的写法各不相同，为我们呈现了书法艺术的无限可能，这不仅表现了汉字本身的组合艺术，更是写作者充分想象力的展示。

不难想象，王羲之在写作《兰亭序》之时，虽是醉眼迷蒙，但恍惚中，卫夫人曾经带领他感受的风狂雨急、乱石穿空不断在他的心海里碰撞，不断刺激着他的感官神经，就在这迷乱纷杂的情感冲击中，《兰亭序》横空出世！

在封建社会的大部分时间里，书法都具有极为重要的意义，是每一个知识分子必备的应用技能。但时至今日，书法逐渐失去了它原本的现实意义。我们的书写工具在一天天发生着改变，从铅笔、钢笔、圆珠笔到键盘、手机再到最后的语音录入，科技的进步让我们的双手获得了解放，也让人类变得越发的懒惰。

在古代，不少外国人称赞我们双手灵活、头脑清晰，主要表现在书法、珠算和使用筷子上，外国人需要花费很长的时间和精力才能学会这几点。可是随着电子计算器的便捷快速，我们丢弃了珠算；随着书写的减少，我们抛弃了书法；不敢想象，随着餐饮行业的发展和进步，我们是不是会在某一天退化到婴儿的状态，依靠机器对我们进行喂食！

这是一种多么可怕的趋势，为了让这一切不至于成为现实，我坚持在每天早晨用实实在在的纸笔写一首诗，抄一小段话或者只是随意记下一些日记，我真怕有一天拿起笔，连自己的名字都不会写了。

纸笔的真实和诚挚，是根植于人类内心深处的，对文字的信仰和崇拜。哪怕只是在纸条上简单的书写"我爱你"三个字，也比透过社交媒体诉说的千万句情话要来得更为真心实意。

所以，尽管自己写字水平很差，甚至连自己的名字都写不太好，但我仍然愿意为每一个要求留言的读者签上自己的祝福。这是一种做人的态度，更是对他们的尊重，没有良好的态度，不管是写作还是写字，都是轻率浮夸的！

凭少年意气，观天下人间

——李光耀《李光耀观天下》

立足自身，放眼世界

晚晴时期，有一个叫做严复的学者，系统全面地翻译了大量西方的哲学、政治学、经济学著作。这些译著对当时的中国产生了极大的启蒙作用，不少后来人都是受到严复著作的影响，远涉重洋、学习探究，最终成长为当时社会的精英人物。

严复是中国第一批了解、学习、接纳、介绍、翻译西方先进思想文化的学者。要知道，在当时的中国，要让这群儒家文化体系之下成长起来的知识分子，承认自身的不足，诚恳虚心地向所谓"海外蛮夷"学习求教，是一件多么困难的事情！

在当时的中国，满族贵族和汉族士大夫阶层把持着朝政，精英知识分子和乡绅士族掌握了地方，这两股势力因为长期的闭关锁国，严重缺乏对外界的认知了解。在他们的意识中，天朝上国神圣不可侵犯，传统的儒家思想教育是世界上最优秀也是最适合中国的教育方式。他们陶醉于小农经济自给自足的发展状态，满足于"男耕女织"的生产作业方式。国外机器的轰鸣声，战舰枪炮的呐喊声，并没有引起他们必要的警惕，西方先进的工业、科技、文化，一律被他们形容为"奇技淫巧"，全盘否定。

严复是清醒的，更是勇敢的，他的论述"一石激起千层浪"，却没有引起整个社会的普遍关注。但他的先行举措，为当时更为以后的中国埋下了一颗希望的种子，孕育了中华民族今天的和平崛起。

我们遗憾于当时社会的后知后觉，但客观分析，严复以及许多和他一样觉醒的思想家革命者们，毕竟太过于势单力薄了。他们中很多人固然希望依靠政府完成国家变革，可上层统治者对他们的态度从不屑、好奇、尝试到最后的重视经历了一段太过于漫长的时光，在这漫长的时间里，整个中国都为此付出了极其昂贵的代价，一点点退让，一次次妥协，一份份条约，国土沦丧、山河破裂！当整个中华痛哭流涕、千疮百孔之时，清朝统治者才如梦初醒，发愤图强、变法求存，可事到如今，为时已晚，经过几番垂死挣扎，最终仍旧难逃灰飞烟灭的命运。

历史无法选择，更不可能重来，可后来者对历史的学习反思，却能为未来的决策提供极为有效的指导和建议。

1959年，对于新加坡首任总理李光耀而言，是一个异常艰难的时间，此时的新加坡历经战火、风雨飘摇，如同一只漂泊在海洋上的舟子，不知道未来该何去何从。

面对困境和挑战，李光耀和他背后的团队同舟共济，万众一心，虚心学习，诚心求教，立足自身，放眼世界，最终把当时贫穷、落后、资源匮乏、人民矛盾尖锐的新加坡，建设成了东南亚重要的经济、文化枢纽，实现了一个似乎不可能完成的奇迹。

这一切的改变和进步，到底是如何完成的，我们又能从中得到哪些启发和教训，似乎这一切，我们都能从《李光耀观天下》中得到答案。

地位和定位

新加坡的人口构成比较复杂，主要包括了华族、印族、马来族这三大族群以及少部分欧亚人种，尽管华人在其中占据了相当的优势，但却因为族群混居的生存状态，在新加坡立国初期，并没有形成一个统一通行的语言。

诚然从情感角度来说，作为中国人，我们是希望周边邻国存在更多使用汉语的国家，并且从人口占有比例上来看，使用华语作为流通语言，也是无可厚非的。但当时的李光耀先生基于更全面的思考和判断，运用行政手段在全国推行英语，这样的举动尽管阻力重重，也很难得到全方位的支持，但还是得到了长期有效的执行。新加坡在脱离英国之后，仍旧沿袭、发展了英语教育，这项举措使整个新加坡在很短的时间里，成为一个标准的英语国家。

时至今日，我们不得不佩服李光耀先生对世界形势的充分把握，以及对新加坡社会发展的准确判断，推行英语，让新加坡得到了西方社会更多的技术、资金支持，让新加坡更好的充当了一个国际贸易中转站。对于西方社会而言，一个讲英语的新加坡，是更加自由、开放、积极的新加坡，更是易于合作共赢的新加坡。新加坡在很短的时间内，就得到了西方社会的认可，成为全球化贸易的重要链条，进入了高速发展期。

值得一提的是，随着新中两国交往的进一步加深，两国在贸易、文化、旅游、培训等领域拥有了更多的合作和交流，中国逐渐成为新加坡最为重要的国际合作伙伴。为此，新加坡政府迅速有力的在国内推广了普通话教育，此举不仅体现了一个高效政府的果断决策，更是两国人民共同的福祉。

可这样的成绩得来的过程并非是一帆风顺，在最开始，新加坡经历了不少曲折反复，并为此付出了极大的代价。

从地理位置来看，新加坡并非人类居住繁衍的最佳地点，而陆陆续续赶往此处的居民们，也大多是因为不得已的苦衷，才投身这个茫茫大海中的小岛。像华族人中，他们的先祖不少都是来自中国南方的"失地"农民，因为官府和富户的压迫欺凌，严重损害了他们的基本利益，才来到新加坡讨生活的；而还有一些，则是沿海地区"以船为家"的渔民们，因为早年中国的"海禁"政策，威胁到了他们的生存，万般无奈下，只能背井离乡，跋涉于此。

这样的人口构成，导致初期的新加坡缺乏种族和国家的归属，他们希望加入马来西亚联邦，求得一份庇护。但愿望和想象终究还是要屈从于现实，当时的马来西亚联邦非但没有对新加坡起到帮扶支持的作用，反而在实际运作中，处处偏私，不仅没有给予新加坡平等的发展机遇，却把更多的优势资源倾斜于自身的区域发展，这样的举措严重伤害了新加坡人民的心，更刺激了新加坡精英政治人物的神经。

此时的新加坡被卡在了命运的十字路口，是忍气吞声维持现状？还是分道扬镳，自立自强，独自迎接更大的挑战？新加坡的未来在这一刻是如此的迷茫！

随着双方冲突的进一步加剧，彼此间的矛盾越发不可调和，新加坡不得不痛下决心，脱离马来西亚联邦，开始了一段全新的征程。

那时候，以李光耀为首的领导班底，在经过了短暂的徘徊后，对当时的新加坡进行全面且客观的分析判断。对内，他们培养高素质劳动力，修建基础设施，完善法律法规，稳定社会关系，建设了一个全新的新加坡。对外，他们利用区位优势，大力发展国际贸易，引进外资，把市场因素作为政策制定实施的重要指标，吸引了大量的国际工厂落户新加坡，成为这些国际资本的服务者、领导者、指引者，并从中获得了极大的实惠。

几十年的时间里，李光耀交给新加坡人民，交给整个世界，一份圆满的答卷，不论是经济增长、国家建设，还是福利保障、国际关系，今天的新加坡都是让世界震惊且瞩目的！而这一切的背后，是李光耀团队和无数新加坡人的付出和奉献。

书中曾提到这样一个细节，今天的新加坡青年人并不十分感激李光耀这一代对新加坡所做的贡献，最少比之他们的父辈爷爷辈们，在他们的观念里，今天的这一切来的是那么的理所应当。

我们无法苛责这些青年一辈，因为对他们而言，今天的一切，是与生俱来的。从他们出生时，他们周遭的世界就是如此，整体的改变微乎其微，而要让他们产生如先辈们一样对国家和政党的高度认同感，是非常困难的。他们的爷爷奶奶、爸爸妈妈们，见证了这个国家从无到有，从一穷二白到现在的繁荣昌盛，从一个落后、物资匮乏的海岛成长为世界经济的中转站，自然发自内心的感激李光耀和他的"人民行动党"对国家所做出的一切。可度过最初的高速发展期后，必然面临一段沉闷且迟滞的发展阶段，虽然在各界的通力合作下，仍旧维持了持续稳定的经济增长，但对于这些追求高速和刺激的青年人来说，这样的前进速度就显得"稳定有余，冲劲不足"了，所以偶尔提出自己的反对意见，也是无可厚非的！而体现在实际行动中，自然是用选票来表达自己的政治诉求。

反观今天的中国，所面临的冲突与矛盾是何其的相似。我们的先辈们虽然承受了难以想象的磨难和曲折，但他们并不怨恨国家那时的作为，甚至对历史本身也不存在太多的介怀。尽管不少人确实是因为时代被耽搁了，终其一生都没有得到应有的发展机遇，但随着时间的流逝，他们运用老年人特有的智慧和包容，原谅了时代和自己，他们善良和质朴地安然生活，用浑浊却洞察的目光，客观冷静地对现今的社会做出自己的判断。

在我的家族中，有不少过去的老共产党员，身为无党派人士的我，和他们的对话非常有趣。党员和老人的身份，让他们的某些思维方式异常固执，可社会上严重的贪污、腐败现象，又完全背离了他们坚持了一生的价值观。而在这其中的绝大多数，是和他们隶属于同一战壕的党员同志，在他们淳朴、善良的认知中，他们是怎么也无法理解，经历了庄重、诚挚的宣誓之后，怎么还会做出如此违背良心道德的事情，唏嘘感叹之余，他们对过去的那个时代无比的怀念。虽然物质贫穷、生活困苦，但每个人内心深处却是团结、平等、信仰坚定的。

对于他们来说，他们是一点点的看着这个国家成长的。经历了食不果腹、衣不遮体，才分外感激今天的丰衣足食、生活无忧；经历了国家的贫穷积弱、任人欺凌，才能深刻地体会到今天雄狮初醒、和平崛起；经历了一无所有、一穷二白，才对今天的高楼大厦、物资通达产生高度的认同。从他们的角度来看今天的世界，变化实在是太快了，对于中国的强大、自信、昌盛，他们是曾经的参与者，一直的见证者，如今的享受者。

可对于和我年龄相当的青年人来说，我们的记忆中不存在饥饿、贫穷，虽然在很小的时候，家里的开支用度一直比较节俭，但更多的还是因为国人一贯为之的"节俭、储蓄"风气，并不是真正意义上的贫穷。所以时代一开始呈现给我们的就是一个跃跃欲试，整装待发的中国。再加上互联网技术的不断完善，国际旅行条件进一步的成熟稳定，我们拥有更多的方式、机会去看一看我们外部的世界，我们会比较、会分析、会判断，拿中国和先进的西方社会比较，也拿中国和落后的亚非拉国家做比较。

很有趣的一点是，在我们小时候，班级里面排名次，我们大部分情况下，是拿不如自己的人摆事实举例子，以此来证明自己的强大。可当我们的评判标准是一个社会和国家时，我们更喜欢类比那些更为先进发达的国家地区。尽管在内心深处，我们很清楚，这些国家今天的发达强盛，是存在很多历史、区位、资源因素的，但为了更好的印证内心对于社会时代的不满，我们常常忽略了这些客观条件，仅仅把这些国家的优势因素一一列出，反证出我们自己国家在这些方面的落后和不足。

可能青年人总会在这个时间里，有那么一些愤世嫉俗的态度，但这样的现象是合理且正常的，就比如我自己，虽然在写这篇文章时，可以更为客观公正地看待问题，可也不能保证在受到不公正待遇时，我还能保持清醒镇定。

从2011年至今，某些权威机构、专家人士，通过不同的平台发声，连续多年，把当年定义为中国历史上最为困难的一年。我想他们之所以做出这样的判断，应是基于数据分析、或是一些社会实践调查，言之有理，但因为自己生活在校园，尚未涉世，所以对于"困难"二字，理解得并不太深刻。

但今年，我大学毕业之后，更多的社会压力、社会负担，猛一下袭来，一时间让我有些晕头转向、不堪重负了。

对于我们这一辈而言，如今的中国，确实是非常困难的。从就业形势来看，应届毕业生和往届毕业生数量极其庞大，政府和企业完全没有能力承载我们的进入，而从岗位分布和福利待遇来看，良莠不齐、条件苛刻，并且大部分都是一些实效性企业，并不重视对我们的培养和提高。要想找到一个专业对口、有所发展、待遇尚可的工作岗位，除了必要的硬件条件之外，运气、社会关系、机遇同样缺一不可。

为了缓解就业压力，国家提出了"全民创业"的口号，并且针对大学生，提供了一整套的优惠条件。但对此，外界的质疑声音从没有停止过，随着国际市场的产业优化，国内也进行了一次动静很大的调整洗牌，对于产品和服务质量提出了更高的要求，不少大企业都在这样的压力下岌岌可危。

鼓励一个刚刚离开大学的毕业生进行创业，似乎有些为时过早。就算为他们提供了诸如场地、税收、政策上的倾斜，可他们对于市场化运作、当前的商业形式并没有一个充分全面的认识，盲目进行创业生产，极有可能导致资源的不必要浪费。就算是有些大学生是搞科研出生，离开学校时已经拥有一些发明专利，我也更支持他们和成熟企业进行合作，这样可以更高效的实现科研产业化，更好地把发明成果投入市场，而不是自顾自地摸索、试探，强行介入市场，"秀才造反三年不成"，学术研究和商业回报之间存在联系，却并不是共通的，我们必须充分认识自己的优势面，对自己做出最为准确的定位分析。

可青年人最大的财富就是时间，只要拥有一颗耐心、恒心，熬得住等待的过程，前景并不悲观，虽然我们这个年龄中并没有出现一个时代领袖一样的存在，但各种精英人物却遍布各行各业。在今年，90后"春运"返乡人数第一次超越80后，这是一个强烈的信号，时代的舞台将更多地让位与我们，不管我们是否准备好，都没有办法退缩逃避了！

对于我们来说，最为重要的，是你对自己的定位，而不是你现在所处的地位，我们可以一无所有，但绝不能放弃对梦想的坚持。

李光耀看中国

昨天晚上，台湾大选结果提前公布，国民党惨遭失败，这条信息在很短的时间里，就传遍了台湾岛，并且也对整个中国产生了极大的震荡。

台海问题一直是中华民族的一道隐痛，它造成了两岸人民长期以来情感和文化的隔断。某些居心叵测之徒对此也一直加以利用，对全体华人造成了极大的伤害。

早几年，曾有一些影视工作者拍过一部纪录片，该纪录片讲述的是当年"奔逃"台湾的山东菏泽籍国民党老兵的故事。影片开始，一个满头白发、步履蹒跚的老兵捧着一个个小盒子回到家乡，边走眼泪边止不住地往下流。来到家乡之后，一切全都变了样。好不容易找到一个远房侄子，这个他从未见过面的，年岁已然不小的侄子告诉他，他被抓去当壮丁之后，他可怜的母亲天天守在村子口的路上等他回来，村子里的人后来都走了，只有她至死都不肯离开，她说怕儿子回来找不到家！可直到死的时候都没能等到儿子回家，最后叮嘱家人，把自己埋在村子口，她说她还要继续等……

老兵找到母亲的墓碑，瘫倒在地，声音哽咽，不断抚摸着妈妈坟前的泥土。

过了好久，老兵止住了悲伤，因为还有很多重要的事情，等着他去做。他们那个连几乎都是山东菏泽人，刚刚抓过去时候，互相约定要一起回来，后来年龄大了，有的人身体不行了，又嘱托其他人一定要替代自己回去。等到人越来越少了，又聚在一起立下誓言，最后不管剩下谁，都一定要代替大家回去，再看一眼还活着的亲人，把他们的骨灰带一些埋葬在家乡，直到最后，只剩下了这个老人……

老人终于一个个地完成了老哥们的夙愿，他选择了留下，因为他明白，如果离开，下一次可能就没有机会再回到家乡了，他愿意死在这里，死在自己出生，死在母亲等候自己的那个地方。

类似这样的悲剧，在那场战争中比比皆是，手足相残、骨肉分离、海天永隔，历史用最为残酷的方式，教导着每一个后来者和平的不易。

李光耀先生也是那场战争的亲历者，但作为第三方，他能用更加客观、冷静的方式，去审视台湾和大陆之间的关系。

透过数据，和自己的实际接触，李光耀很清楚，两岸在文化上同根同源，如今在经济上，更是互相依赖、互相依存，是一个无法分割的整体。

台湾大选换届，不少民众议论纷纷，对两岸关系的发展，以及未来的走势，感到忧心忡忡。但我认为李光耀先生对两岸关系的分析判断，是一针见血的。虽然台湾有部分民众，是不支持两岸走向最终的统一，但从人口占有比例上来看，他们并不占有优势，而从执政当局的角度来分析，任何执政党妄想推行"台独"，都是不现实的。两岸的经济联系随着时间发展，越发的深入，在旅游和文化交流上，大陆一直是台湾最重要的合作伙伴，在这样的背景之下，"台独"不仅是逆天而行而且毫无市场，其结果只能在一片声讨中无疾而终。

在我生活的城市里，有不少台湾同胞投资修建的工厂、酒店以及一些其他的配套产业，因为没有机会实地感受观摩，所以印象并不深，但在这其中最著名的，就是一直饱受诟病的"富士康"。其实在我看来，完全没有必要戴着有色眼镜去审视类似这样的企业，对于企业自身而言，经营生产的初衷就是为了盈利，用最小的投入换取最大化的利益，合情合理。而大家一直指责的超负荷的工作强度和加班时间，也是因为工作本身的技术含量较低，只是单纯的手工作业，所以并不缺工人。从竞争上岗的角度来看，一份技术性不强、对工人整体素质要求不高的工作，本就不应该享受太好的福利待遇，否则对那些技术工和管理人才来说，就会制造另一种意义上的不公平！

我在书店里，可以看到大量台湾作者出版、书写的作品，在电影院、电视、网络平台，也能找到大量台湾影视人的创作。我敢断言，中国的任何一个其他的省份，都不可能拥有如此数量的作品，在整个中国得到这样力度的介绍推广，从文化输出上来看，我们对台湾从没有陌生过。我们在市场上能吃到台湾水果，在实际生活中使用到不少来自台湾的物品，例如在微信上还有不少台湾代购者，从化妆品、工艺品、书籍到零食、收藏，应有尽有。

但正如李光耀先生的分析，我对台湾的未来，也保留自己的一些看法。

从情感的角度来谈，我衷心希望两岸早日统一，完成华夏儿女的共同夙愿，实现两岸真正意义上无间隙无差别的交往。但理智告诉我，两岸的统一依旧是一个漫长且艰巨的过程，两岸文化同根同源，却在发展的道路上分道扬镳，选择了截然不同的前进模式。随着两岸交往的进一步深化加强，彼此的差异会得到包容，但代沟隔阂依旧存在，误解与争执也时有发生。不知道是我的态度有些悲观，还是对更多的内情一知半解，我的直觉告诉我，有生之年，我一定会看到台湾的回归，但我们这一代人的作用更多的是促进和加油，最终的完成者，应该是更远的后来人！

因为中国政府比较喜欢派遣公务员和官员前往新加坡学习进修，构建属于自己的高效政府，所以李光耀得以更深刻详细地了解中国的公务人员。李光耀认为中国的领导层年龄普遍都比较大，但很是睿智果断，善于把握时机，创造成绩。但因为公务体系的庞大，中国是世界上腐败问题比较严重的国家之一，中国的政府高层很清楚这点，但对此并没有非常好的解决方法，并且和中国官员打交道比较困难，他们拥有一套自己的思维判断体系，如果不能把握好，很难把事情办成。

李光耀先生写这些文字到现在，已经过去好几个年头，在中国一场轰轰烈烈的"打老虎"行动遍布了整个国家，并且成效斐然。可能政府官员年轻化，机构改革更加高效，仍旧需要一个漫长的过程，但我相信，只要国家和政府坚持真诚、坚决的态度，没有什么事情是做不到的。

就算是革命尚未成功，这个世界，不是还有我们嘛！

国家的未来，我们的以后

今天的新加坡虽富强、现代化，但长久以来蛰伏的问题和隐患一点点地浮出水面，人口、经济、发展，这许许多多的问题被摆上台面，不论轻重缓急，在未来都无法规避。

今天的中国在不断成长，不论是GDP还是国家影响力，这个世界，在越来越多的关心中国人的意见，中国人的生活也越来越好。但是中国能不能更好？能不能像"亚投行"一样，在这个世界争取更多的发言权？高速的经济增长速度能否得到延续？

这些问题必须得到解决，但并不令人担忧，中国从今天开始放开"二孩"政策，我们将有更多的后来人和我们一起承担责任，为这个国家的和平崛起添砖加瓦，如今年轻的我们也将接过历史的交接棒，在更多的领域中发挥着自己的作用。

　　正像我对家里那些老共产党员说的一样，你们为过去的中国奉献了一辈子，如今的你们有权利更有资格拿着退休金，安度晚年、享受生活。

　　而如今的时代，就请放心地交给我们吧！

信中书

旅行的意义

第二章

读3很多书，
这一辈子却更加颠沛流离

读了很多书，这一辈子却更加颠沛流离

朋友很喜欢村上春树，喜欢他的文字，喜欢他的故事，更喜欢他对待生活的态度。村上在自己的书中非常喜欢描写喝酒品酒的场景，清酒、啤酒、鸡尾酒，身心疲惫、理想破灭、精神懈怠之时痛饮一番，人生之乐不过如此。

于是，朋友欣然效仿，为求拥有村上先生所描述的熏熏然之感，还苦心寻找和书中一致的酒品。可尝试之后，他告诉我，清酒穿肠过肚味道生涩；啤酒久喝之下苦意渐浓；鸡尾酒更是似酒非酒、不伦不类，硬着头皮配着小菜杂食自斟自饮，不但没有领略到饮酒之趣，反倒觉得肚内翻腾抽搐，似是有些水土不服。

沉吟良久，只好总结一句："日本人的东西，中国的爷爷们就是喝不太习惯！"之后，宁愿啤酒炸鸡、豆浆油条，既充实肚腹，又舒心暖胃。定要应酬，首选自然是茅台五粮液双沟洋河今世缘二锅头，对于海外的舶来品，则是慎之又慎。

我是个热爱读书之人，因为写过一本《我为读书狂》，在外人的口中，也是一个擅长于选书、赏书之人，所以平时生活中，经常有朋友让我为他们推荐几本书。有的是为了进修学习，有的是为了修身养性，更多的是因为闲得无聊，想用读书来打发时间。

作为朋友，力所能及之事，自然要尽心尽力，于是搜肠刮肚、寻古遍今、想尽中外亚欧非，总算找到了几本我自认为合适他们的书籍。凭着对这些书籍的记忆印象，我尽可能细致地向他们描述了书籍的精彩之处以及作者的过人之笔。如果恰好我对这本书推崇备至，此时的我就可能唠唠叨叨、不胜其烦地把我的阅读感想对他们做一个总结交代。偶尔的时候，甚至不惜剧透，来印证我介绍中的浮夸之处，对方听了我这番描述，自然就对这本书有更多的期待。

但是结果有时候并不如预想中的美好，他们读了我推荐的书后，并没有体会到我对他们讲过的那些神来之笔，也不认为这样的故事会对自己有什么启发教益。出于礼貌，他们会对我表示感谢，但从他们敷衍的语句，言不由衷的表情里，我很知趣的明白，我荐书、说书乃至于借书的举动，并没有换来他们真正的感激。

虽然经常遭遇这样的"事与愿违"，但我并没有灰心丧气，文字从它被印刷出版的那一刻开始，就如同一只断线的风筝，在尘世间漂泊流浪。你可以决定它的过去和现在，但未来的事情，你只能期盼、祈求它不负你心，能找到真正欣赏它的人。但你并不能保证，你的书最后到底拥有怎样的命运，可能是被别人用来垫桌子、夹东西，也可能在大街上论斤出售，因为就算你对待自己的作品像对待自己的亲生子女一般，你也无法左右她的未来，毕竟嫁出去的女儿泼出去的水，就算你想管也无能为力。

最近一段时间，买了不少畅销书作者的成名作阅读，一方面的原因是想好好学习学习，另一方面也是被外界的赞誉、指责搞昏了头，想看看他到底写得怎样。

其中有一个作者，在我的朋友圈中，评价呈现严重的两极分化。

喜欢他的人，如痴如狂，恨不得在他家附近买个房子，日日聆听教诲，修成善果，得道飞升；贬斥他的人，把他的文字说的一钱不值，真如狗屎垃圾一般，不忍卒读。

怀着复杂的心情，认真研读了他的几篇文字，确实优美干脆，特质明显，但并不是像有些人说的那样，清新脱俗，前无古人，后无来者。

而对于后者而言，书中的故事确实千篇一律，文字矫情重复、无病呻吟，但却还是有不少可取之处，值得好好学习，并不像他们说的不名一钱。

可为什么阅读同一本书，会读成精神状态如此分裂的两种"哈姆雷特"呢？

或许在这背后，隐含的是人与人之间的差异，是不同基因遗传、不同家世、不同文化背景、不同成长环境所造成的知识文化和阅读性格的差异。

我的父亲不善于饮酒，可他这个年纪，又无法避免应酬交际，酒桌上，三四杯酒下肚，就有些手忙脚乱。而作为他的儿子，我虽然做不到千杯不醉，但小半斤酒下肚，不仅不会头晕眼花，反而精神亢奋、神采飞扬，不能七步成诗，却也废话连篇、激昂文字、指点江山。

作为父子的我们都会存在如此大的差异，更别说置身于大千世界，互相之间不存在太多交集的你们了。

所以，我们无法品味村上先生的饮酒之道；所以，面对同一部作品，我们阅读之后，会产生如此大的分歧；所以，人与人之间，才会纷争不断，矛盾重重，遇到问题没有办法尽快达成妥协；所以，哪怕相爱的两个人，也要解决很多问题，才能终成眷属。

听了很多故事，依旧过不好这一生。读了很多书，这一辈子却更加颠沛流离。

人的阅读，是随着年龄的增长而不断累加的。

我清晰地记得自己读书的经历，在小学时，我读了差不多一千多本书，那时候我的作文是全班的范文；我的发言，是公开课时候的范本；我这个人，更是深得语文老师的喜爱。

到了中学，我又多读了好几百本书，于是，我的成绩是全班倒数，甚至包括语文在内，也乏善可陈。我的耳边永远充斥着不务正业、玩物丧志，身边的所有人那时候都不太看得起我。

到了大学，我闷着头一个人看书，宿舍里"兵荒马乱"，打电话、叫外卖、英雄联盟、玩手机，各种声音声声不息、声声入耳。逼得我只有去厕所才能安心看书，于是，我的记忆里，大学的书房始终带有几个茅坑。

毕业后，读书也没有让我多么与众不同，如果不是出了那本书，甚至没有几个人记得我，但大家关心的重点，仅仅是当个作家是不是能挣到很多钱？

嗯……

在这里我可以很诚实地告诉你们——不是！你们不少人都开始不看书了，写书的人又从哪儿赚钱呢？

甚至对于一个热爱阅读的人来说，买书的开销，都是相当惊人的！

每年寒暑假回家，我都是整箱整箱地把书往家里送，可能光是这些运费，就差不多等同于一些朋友每年用来买书的全部费用了。

阅读并没有给予我太多，甚至过度的思考，反而让我对身边的世界产生了巨大的怀疑，我质疑"真理"，质疑我生活的这个社会，质疑梦想，质疑人生，甚至质疑我自己存在的价值和意义，更多时候，我喜欢酒精带给我的短暂麻醉。

可我依旧无法割舍阅读，这种"瘾"不同于烟、酒、毒，却比这些更加深刻、铭记。它们控制的仅仅是你的精神，可阅读的"瘾"绑架的却是你的灵魂，只要你的大脑没有陷入昏迷，阅读，始终是你必不可少的生活习惯。

曾经有朋友嘲笑我，为什么去哪儿都要背着个书包？我笑着回应，书包里自然装的是书啊，如果路上有空余时间，拿出来看看不是很好吗？

他对我微微一笑，我知道这可能是不屑一顾，但我宁愿错信这是他对我的鼓励。

可最近这些日子，我渐渐地不再坚持了，因为才买了最新的"苹果"；因为无聊的时候，可以找很多人聊天扯淡；因为这样消磨时间，自己会更加轻松愉快。

面对这样的变化，我有时很坦然，但有时，我会很羞愧。

感谢自己，偶尔我还会很羞愧！

因为我还有梦想，我对自己还有很多要求，所以我不惧怕失败，也不担心会沉沦，因为失败了大可以重振旗鼓、卷土重来，跌倒了，我也能够再次爬起来，迎接命运的下一计重拳出击，哪怕自己遍体鳞伤、哪

读了很多书，这一辈子却更加颠沛流离

怕自己从没成功过，我都不会丢失自己一直所坚持的骄傲。

其实读书的道理也一样，不管读的是什么书，也不管你在一段时间里，能读多少书，只要此时的你还在坚持着阅读，相信我，就算你的人生颠沛流离，但你的心却是分外安静美丽。

感谢你们，感谢你们如此忙碌、如此疲惫、如此迷茫，却还能坐下来读一读我的文字。不管你有没有为我的文字花钱，也不论你是用什么样的心态来面对我的文字，或者就算读到这里，你还是不太认同我的观点。但我还是必须感谢你们，因为阅读，我学会了写作，因为写作，我可以和你们产生交流，因为和你们的交流，我的文字我的想法，显得更加生机盎然、春意融融。

所以，为了你们更为了我，我会重新背起我的书包，背负起一个青年人对读书的热爱和坚持，更背负起属于我的梦想和承诺。

再阅新时代里的"旧小说"

——读王蒙《组织部来了个年轻人》

1956年9月，人民日报刊发了一篇题为《组织部来了个年轻人》的短篇小说，一时间引起了整个社会的讨论和争议。

小说描述了一个叫做"林震"的青年人，刚刚由乡村学校调往基层组织部的故事。在实际工作中，林震领会了上层领导处理问题的圆滑机巧；见识了基层干部对待工作时的漫不经心；透析了具体的管理人员仅仅关心报告材料，而不注重实际成绩的歪风邪气。透过这篇小说，王蒙尖锐而又真实地批评了弥漫于整个行政机构中的官僚作风，并借用"林震"这个形象，表达了自己的抗争态度。

小说的发表，迅速引发了一场全国性的大讨论，政界、文艺界、学术界、普通市民许多人围绕这篇小说，提出了自己的观点。有人认为这篇小说纯属捏造，不符合实际情况，控诉王蒙无中生有、胡说八道。有人为王蒙拍手叫绝，认为小说中所提出的现象，是客观存在的，并且必须引起整个社会的警惕和重视。

谩骂、讽刺、鼓励、赞赏、迟疑，各大报刊、读者来信、街头巷尾、茶余饭后，年轻的王蒙被放置在了舆论的中心点，承受着来自各方面的信息轰炸。

这场开始于民间的争论愈演愈烈，逐渐上升为一个重大的文学事件，引起了中央高层的重视。到最后，甚至连伟大的毛主席都在数次会议中点名这部作品，并且结合实际，提出了自己的看法，甚至高度评价了这部小说的现实意义。

到今天，距离这篇小说发表已过去半个世纪之久，王蒙老先生已由当时的青春年少，变为如今的敦厚长者。在这过程中，发表了几千万字的作品，也做了很多场文化讲座，那么当时这部引起巨大轰动的作品，在如今的时代，又该如何看待呢。

不知道大家会不会存在这样的阅读习惯，对于文学作品的选择，或是选取那些发表出版已经数百年的，经过长时期考量认证的作品，或者是当代的，离我们不太远的文学专著，这样阅读起来更贴近于生活。对于那些既不太远，也不算近的作品，我们常常不自觉的忽略。

说来惭愧，很早就拜读过王蒙老先生的文化评述以及几部长篇小说，但是真正接触他的这篇《组织部来了个年轻人》，却是因为在当当买书时的"凑单包邮"。

小说很短，半个晚上就读完了，放下书后，我陷入了深深地思考。

当年的问题，在如今，真的就得到彻底的解决了吗？

像林震这样的青年人，我们这个时代是否还需要？

在现在，我们该如何看待这部作品？

前一阵子，网络上经常曝光这样的新闻，公民办事、企业办证，跑上跑下，忙东忙西，盖章、签字来回轮换数十个机构，到最后都不一定能保证马到功成。政府作为服务部门，更多的应该考虑，如何更为方便快捷地为公民解决问题。可在这过程中，他们不仅没有充当好一个服务者的角色，反而层层设卡、步步为难，加大了这些个人和企业的办事难度。从他们的角度来看待这个问题，其实并没有错，他们也只是按规定办事，凭制度处理问题。可很多机构明知制度不合理，却从没有想过要改变，得过且过，不求有功但求无过，这样的心态致使很多政府部门不思进取，依旧沿袭过去的老办法办事，行政效率低下，公众也为此怨声载道。

而类似于刘世吾这样的所谓"领导艺术"也屡见不鲜，不少地方的基层干部，书写报告材料、进行会议总结、描绘发展蓝图，水平一流且见解不凡。可实际操作时畏手畏脚、思前顾后，到最后乐得做个太平天子，安稳撤离。

而类似于"林震"这样的青年，其实在各个时代各个阶层都并不少见，刚刚来到单位时，满怀激情想要大干一场，可接二连三的失败和阻隔让他们很快丧失了抗争和改变的勇气，一天天习惯、麻木、颓废，到最后一个个认清现实、理清思想，心甘情愿地保持沉默，不再轻易提出自己的看法和建议。

每个人的潜意识里都是存在惰性的，不仅体现在行动中，更表现在思维上。

过去认识一个理工大学的高级技术员，主修专业是维修彩电，在他们那个时代，这是相当热门的专业，每天都有干不完的活计，赚不完的钱，并且还很受大家尊敬。因为近况太过于美好，前景也似乎一片光明，让他没法清醒地对未来作出判断，他甚至认为自己可以靠这项维修技术，安稳一辈子。可随着科技的进步，彩电在不断升级，网络电视、家用电脑、手机一天天在普及，旧式彩电逐渐变成一种老古董，受众群体一天天在减少，这个时候他才意识到情况不妙，开始接触这些新东西、新科技。可他有些无奈地意识到，因为常年的忽视，自己已经不大能够理解这些知识，从头开始，是一项无比艰难的任务。

是啊，人最难做到的就是自我否定，对一个人是这样，对一个机构是这样，对一个政府更是如此。

但难不是借口，更不是理由，自我否定是建立在对自己充分认识的基础上，做出的及时批评，是指导未来行动的思想基础，就算在这过程里会带来阵痛，也必须咬牙坚持，坚决落实。

一个负责任的政府，是善于进行自我批评的，也是乐于接受大众建议的，它需要更多的"林震"，还需要保护类似的"林震"，让他们大胆说话，勇敢发声，让他们能始终保持战斗的热情激情，在各个岗位中，爆发出年轻的力量！

我们生活的这个国家和社会日新月异，每天都在发生着许许多多的变化，我们需要更多像《组织部来了个年轻人》这样有所反映、有所思考、有所批判的作品。它是新闻也好、小说也行、影视作品也可以，只要是扎根人民，关注现实，反映民声，都是这个时代所需要的。

而像《组织部来了个年轻人》这样的经典作品，我们除了关注小说背后的时代特征、文学价值之外，更应该结合如今的社会大环境给它全新的解读。环境在变、时代在变、人也在变，但对于人性、人心的剖析和理解，依旧还是一个永恒的命题。

民族的、中国的、世界的

——《穆斯林葬礼》中的民族文化哲学

及时行孝

窗外已经播放了一整天的丧乐，因为生病卧床，我被动地听了一天，直到快到傍晚时，因为城市生活的节奏，也可能是一些必要的法令法规，治丧的人家才停止了音乐，不然按照我们汉族人的传统丧葬习俗，是要求大吹大奏三天三夜，才能显示出这家人的慈孝和睦。

当然，我在这里没有一丝一毫的嘲讽态度，故去的是个老人，我并不知道在她生前家人待她怎样，是悉心照料，还是恶语相向；是乌鸦反哺，还是衣冠枭獍。因为不了解，我没法妄下任何的评论，或许老人走得很安详，因为在她生前，子女已经完完全全地尽孝，如此盛大的葬礼，不过是为了完成某种仪式，让一家人在最后的时刻，对她进行最为浓重的一次怀念，当做最后的送别。如果事情是这样，那真是皆大欢喜，可是在我身边，我听到了太多人，生前对父母不管不顾，举办葬礼时，顾全自己的面子，大铺排场，以此来宣告自己的所谓孝道，可这在我看来，才是真正意义上的大逆不道！

说到这里，我记起了几次外出旅游，接触到的一些少数民族，在她们的民族传统里，是讲求"厚养薄葬"的。笼统说来，就是在父母生前无微不至、尽心尽力地尽到为人子女的责任，而在葬礼这个环节反倒不大重视。一是他们相信人是有来世的，死亡不过是一段较为漫长的旅程，终有回归的一天，二是他们更相信此生，在当下把孝道尽心尽力做好，才是对父母最大的回报。所以他们大多不像汉族人大兴土木，重视丧葬，骨灰有的洒在山川湖泊，有的回归泥土自然，从哪里来，到哪里去，若是思念亲人了，何时何地，都可以低头默哀一番，因为亲人的一切已经全部回归天地，所以任何地方都能进行哀思悼念。

羡慕他们对于死亡达观的态度，更敬佩他们对于老人的照顾和奉养。在少数民族的村落里，不可能出现"老无所依"的现象，如果有一个孤寡老人没有亲人养老送终了，将会被送到当地的村落或者寺庙，由整个寨子的人共同奉养，对于大多数人而言，这样做来并没有什么崇高伟大的神圣姿态，这不过是他们必须要完成的一种对于群落和集体的责任。因为如果今后这样的状况出现在他们自己身上，他们也十分放心，这种爱的传承是薪火相传、永不间断的，小辈们从他们身上不仅仅得到了言传，更是看到了身教，责任和义务的火种深种于心，在一个个幼小的心灵里发芽生长。

关于少数民族，在大多数人的认知里，还是非常神秘的，他们的习俗、文化、宗教、生活因为种种原因，仍旧保持很大程度的原生态，因为日常交往中很难接触到，再加上地理、文化上的隔断，所以，更多地我们还是通过文学艺术以及影视音讯去了解关于他们的一切。而在这其中，最具艺术表现力的当属第三届茅盾文学奖获奖作品，霍达女士所创作的《穆斯林的葬礼》。

为爱而殇

在《穆斯林的葬礼》中，最充满悲情的一个人物是韩新月，而在她身上，最为突出的是三种悲情，一是来源于父母的爱恨纠葛，二是因为自身的疾病，导致她在生命最灿烂的时刻就要告别人世，三则是她和楚雁潮之间，因为"汉回"民族之间巨大的文化隔阂，而受重重阻碍的爱情。

毫无疑问，她和楚雁潮之间的爱是宝贵的，更是真挚的，他们互相欣赏，彼此关心，两颗心始终联系在一起，坚定、纯粹，可这样美好的爱情却偏偏要面对太多的阻力。属于两个民族之间数千年的文化差异，属于两种家庭社会之间的无数种阻隔，给这两个年轻人的爱情施加了太多的"无妄之灾"。

时过境迁，在社会高速发展的今天，不同民族之间相互了解、彼此学习、共同发展，创造出许许多多宝贵的文化物质财富，各族人民携手共进、共谋未来，成绩喜人、战果丰硕。在我生活的城市里，就有数量可观的回族兄弟，我非常喜欢去他们经营的茶馆、餐厅，因为我深知在回民的宗教文化里，是非常注重饮食清洁的，不论是餐具还是食材、甚至是用餐环境，他们都力求整洁舒适、干净卫生。在这个充斥了地沟油和三无产品的社会里，饮食健康是最基本也是最必需的生活要求，所以在他们的店里吃饭，我既放心更安心。尽管因为环境和食物成本的原因，在消费上我要比一般的夜市摊点花费更多，并且因为饮食习惯，我的选择也受到了很大的限制，但是在这样一个安静舒适、文化特色浓厚的地方进餐，依旧是我常规的选择。

历史总是在悄无声息中完成了很多巨大的时代变革，尽管双方存在明显的差异，可汉民族的先进文化还是在一点点地撬动着少数民族沿袭多年的生活状态。最典型的例子莫过于当年满族的统治，最开始，作为一个胜利者，他们强行要求汉族人剃发留辫，在发式上和自己保持一致，但是经过数百年潜移默化的影响，大部分满族人几乎无保留地接受了汉民族的文化，更多地融入了汉民族的生活秩序之中。

而说起《穆斯林的葬礼》中所描述的回族人，对于大多数人印象最深的场景，怕还是那遍布了大街小巷的兰州牛肉拉面吧！作为最典型的回民食品，它在很短的时间里占领了中国的餐饮市场，成了各个城市必不可少的一种餐饮标志。

是啊，民族文化之间并不存在什么明显的隔阂，虽然在某些问题上，是存在着差异的，但是通过交流和了解，用理解和尊重的态度彼此交往，很多问题到最后都不是问题。记得以前，我上学时候，是接触过回族同学的，但是最开始时大家并不知道她的"真实身份"，因为除了一些微弱的外貌差异，并不能看出她和我们还有哪些不一样的地方，如果不是最后她的高考加分，可能这个秘密都不会被太多人知道了，当然，当我们知道这件事的时候，更多的情绪还是羡慕嫉妒恨……

可是，最让我无法想象的是，在今天，类似于《穆斯林的葬礼》中"韩新月"的爱情悲剧，依然会在现实社会里时有发生。曾经在网上看到过这样一个帖子，说是一个大学生谈了一个穆斯林女友，见过家长，都定下婚期了，但却由于女方家庭的激烈反对，导致这两个年轻人最终还是有缘无份。开始时，我并不大相信这样的事实，我认为既然确定相爱了，怎么能因为这单方面的家庭阻力，就选择投降呢，这其中一定还存在着其他问题，但是最近我和一个穆斯林的朋友聊起这个话题，在她的叙述里，我更加深入地理解了这些爱情悲剧。

这是个年轻的穆斯林姑娘，她告诉我，在她们生活的地方，虽然民族内部并没有严格的宗教法律禁止族内青年男女和汉族子弟交往通婚，但在实际生活中，如果发生了这样的事情，是要面临多重压力的。这种压力明面上来自于家庭社会，但更深层次的还是由于数千年的文化差异，就算是相爱的两个人最后终成眷属了，也会遭受极大的社会舆论批评，而且这样的阴影和伤害所造成的影响甚至是终生的！

我真的无法理解为什么在今天还会存在这样的思想，竟然因为民族偏见葬送了很多人原本应该水到渠成的幸福。在我的周围也生活着不少穆斯林兄弟，虽然他们有许多独特的集体活动和宗教仪式，但并不排斥汉民族。相互通婚固然存在阻力，却并不是不可克服的，所以听了她的话，我有些难以接受。之后，她又举了她身边的一些例子，她的哥哥找了一个汉族女孩结婚，因为是"娶进来"的，所以相对于"嫁出去"所要承受的舆论压力是要小得多。但就算这样，这个汉族媳妇在村落里还是不大受欢迎，而女孩那边的家庭，也不大接受她嫁给了一个外民族的男孩。对于他哥哥而言，还是幸运的，毕竟最终还是一个比较圆满的结局，太多人一旦被发现有交往的倾向，就被迅速叫停，坚决不允许相互之间产生情感。

综合这些信息，我整理出了一些头绪，首先因为特有的民族风俗和生活习惯，不同民族之间无可避免地会存在大量的差异，有些确实可能是难以调和的，会对婚后的社会交往和家庭关系造成影响。但因为这样的原因，就任由爱情悲剧的发生，不能不说是太过于武断了。仔细分析，那些和汉民族交叉居住时间较长的少数民族和汉民族之间的隔阂就会少得多，他们中有些还乐于自己的子女和汉族人交往，这种信赖感是在日积月累的交往中逐渐建立起来的。而那些相对偏远地区，以及少数民族居住相对集中的地域仍旧是严防死守，不大欢迎外人的进入，也不愿意本族人外嫁，这和他们长期的封闭是有很大关系的。

可能有些客观原因是不可避免的，但我一直坚持的一点是，理解和沟通是相对的，更是相互的。别说是两个民族之间会存在很多差异性，就算是两个文化背景、成长环境类似的人之间，也会存在不少思想认知上的不同。而婚姻对于双方而言都必须是求同存异的，就像在交往过程中，你如果明白你相处的是一个穆斯林，你就必须了解、知晓他们的一些基础文化和宗教习俗，而对于穆斯林而言，你也必须去学习汉族人的风俗习惯，这样才能在双方之间建立足够的沟通桥梁。而对于婚姻而言，除了爱情本身，更为重要的一点是迁就，迁就是一种大爱，是深深理解之后的一次最伟大的妥协。要知道，爱一个人就必须要做到爱她的全部，娶一个人，所娶的不仅是她，更是她的家庭、她的过去、她所拥有的一切，如果做不到这些，就算是拥有足够爱情的婚姻，也很难达到理想的幸福指数，更不能达成最为圆满的幸福。

由此可见，交流和沟通是人类和平相处、共创未来的不二法门，在交流中我们能倾诉彼此的内心，达成共识、消除隔阂、增进互信，在沟通中我们可以消解矛盾、解决问题、建立双方的认同感和信任度。这样的法则存在于人和人之间，存在于民族和民族之间，更存在于不同的国家之间！

自以为是等于一无是处

我们对少数民族的文化知之甚少，对于他们的宗教更是一知半解。

举个最简单的例子，穆斯林为什么不吃猪肉？就这个问题，我问了身边很多人，包括以前的自己，大多数人的回答都是，因为猪在穆斯林的文化里是受到尊敬的，或者猪是他们的神灵不能受到侵害……如果现在的你依旧还是这样认为，那就大错特错了！

穆斯林不吃猪肉，大致是因为那么几点原因。第一，猪十分丑陋、愚笨。第二，猪喜欢污秽，不爱干净，这对于一个崇尚清洁的民族而言，这是不能容忍的。第三，猪的脖子只有一根筋，不能看到天不能看到地，也不能回头，这和穆斯林文化的"回心转意"是背道而驰的。第四，猪会乱伦，在发情期是随意交配，长幼、上下一概不论。所以对于穆斯林而言，不仅不养猪，不吃猪肉，更是杜绝和这样的动物接触，以保持自身的优良品质，同样的，对于其他的一些凶禽猛兽，穆斯林也是拒绝食用的，因为他们的饮食标准就是貌俊、性温、洁净，违背了这些原则的食物他们一概不接受。

以上的这段叙述只要有心，你在任何一个搜索软件里，都能找到答案，但仍旧有很多人不知道这些事情，原因很简单，我们从小到大已经习惯了似是而非、自以为是。在中国的汉字文化中有这么一句俗语"一

信中书——

读了很多书，这一辈子却更加颠沛流离

字读半边，不会错上天。"是啊，一个汉字只认识一半，可能还不至于产生极其荒谬的结论，但是如果对一种文化的理解一知半解，还妄下结论，那产生的误解和错误就是无法想象的了！

曾经有很多朋友问我，人为什么要不停地读书学习，有些知识我一辈子都不可能用得到啊！那时我的答案是，大部分知识，你可能确实一辈子用不到，但其中有一些你一辈子用到一次就会受益终身。如今我更想说的是，阅读就是让你更加明白自己的无知，让你对未知的世界产生敬畏，进而在为人处世时更加谦虚谨慎，在做事做人上放低自己的人生姿态，去尊重每一个生命！

心存敬畏，处世谦卑

直到今天，大部分穆斯林仍旧恪守着极其严格的宗教习惯，在特定的时间祈祷礼拜，在日常生活里忏悔反思，保持对真主的绝对信仰。我非常敬佩他们这种充满仪式感的宗教活动，因为人类就是因为失去信仰，在犯罪时才会那么肆无忌惮！

新文化运动是我国文化变革重组的一个重要时期，因为种种原因，我们全盘否定了旧文化、旧道德，妄想通过绝对否定，重新建立起适合未来中国发展的，一个崭新的道德体系。但这样的想法显然过于乌托邦了，对于旧道德的摧毁非但没有加速新道德的产生和建立，反而破坏了一直长期存在于每个中国人内心的道德信仰，使太多人失去了一颗敬畏之心，埋下了一颗罪恶的种子，让未来的中国为此付出了极为惨重的代价。

新中国成立后，随着宪法的完善，各项法律法规相继建立实施，在宣传教育和处理惩罚的共同作用下，逐渐培养起大多数人对于法律的敬畏。确实，这样的转换，为现在的中国重新建立了一种新秩序，约束整治了大部分的犯罪行为，但我认为，这依然替代不了因为宗教的敬畏，所产生的极大的教化作用。

宗教对于一个人的约束和管控是密布于生活所有空间的，它不仅约束行为，更要求了道德，一旦内心稍有逾越，自己良心这一关就过不去。

宗教更关注于对于一个人内心的净化，我们知道所有的法律都是依靠惩罚的实施来警醒人们遵守的，而宗教的作用在于净化每一个人的心灵，一个人如果拥有一颗善良、积极的心，是没有可能去作恶的，因为宗教给予了他们一颗敬畏之心，一旦稍有恶念，这颗敬畏之心就将带给他们无限的痛苦。

更重要的一点是，宗教不仅约束着每一个人不能去作恶，更是希望大家能去积极行善。在法律上，如果你不犯罪，法律就对你无可奈何，但是在宗教关系中，你只有积极行善，才能算作一个虔诚的教徒。在宗教的影响下，善意的种子在人们心中生根发芽，不断传播，在未来必然会创造出一个存在于人间的"天堂"！

是历史，更是未来

1988年《穆斯林的葬礼》开始在中央人民广播电台播出，每次一到播出时间，一个大院子的人围在一起听，有位老爷爷告诉我，当时他

信中书——

读了很多书，这一辈子却更加颠沛流离

听得热泪盈眶、感同身受，但他不敢流泪，一个大男人听着广播流眼泪了，这像什么话，可回头一看，整个大院子的人，一大半都噙着泪花在听，那种力量、那份真诚，是困难年代每个人最大的心灵慰藉。

《穆斯林的葬礼》到底写了什么，有这么大的魅力，让他们如此着迷？

首先是韩新月这个人物形象。在韩新月身上，具有那个时代的人们对于女性的全部幻想和要求。韩新月年轻、美丽、温柔、智慧，对爱情充满幻想，并且愿意为之付出自己的一切。可这样一个完美、纯真的人，偏偏要遭受这世间最大的不幸，对于年轻生命的惋叹，对于爱和美的怜惜态度，是每一个优秀民族所共有的善良。

其次是小说中，对于时代生活的捕捉、把握。中国社会在近代处于不间断的变革期，人民的生活和这些巨大的变革息息相关，所以他们希望看到一部反映这些变革的作品。尤为难能可贵的是，霍达女士所选取的视角十分独特。那个年代有不少作品，是通过个人和家庭的成长、衰落、发展来反映中国百年的大历史，但是霍达女士的视角是一户既普通却又不平凡的回民人家，透过这户人家的起起落落，几个重要变革时期对这个小家庭的深刻影响被书写得淋漓尽致，这些变故也是发生在很多其他家庭的故事，而在这些故事中，人性人心的细节反映、个体在时代面前的无力感、人物对悲剧命运的抗争态度一直穿插其中，使阅读的心始终处于跌宕起伏中澎湃摇摆。

再次，是对于文化的书写。该书通篇贯穿了两种文化，一种是穆斯林的民族文化，书写得翔实、细致，让中国和世界更加了解关于这个民族的一切。另一种文化则是玉文化，中国自古就非常崇尚玉，在古代就有"君子佩玉"一说，文中通过对这个赏玉、琢玉世家的描写，把一代代琢玉人的辛苦付出、艺术态度自然而然引出，给小说增添了不少文化养分。

小说的结尾充斥着浓重的悲伤，韩子奇没有守护住自己倾尽一生心血保存的美玉，楚雁潮也没能留住韩新月这个年轻、美丽的生命，唯有这一轮新月在天上年年岁岁，播撒着淡淡的希望和哀愁。

因为爱

给我提供资料的那个女孩告诉我，她毕业后应该还是更多地听从家里人的吩咐，决定自己的终身大事。虽然在我内心深处还是不大认同，但这可能与她而言是最正确的选择了，我只能祝福最后不管如何，她的婚姻都是因为爱。

中国是一个多民族国家，关于民族的问题始终存在，虽然现在我们通过法律法规，让各民族实现了真正意义上的独立自由，通过一系列的政策落实，使民族的文化走出去引进来，使各民族的生活水平逐步向小康迈进，但是更深层次的文化的认同，以及上文中所提及的婚嫁问题，依旧还需要更多的时间。

当人性遭遇法理

——从《麻醉》看现今医疗事故

读了很多书，这一辈子却更加颠沛流离

　　我的父亲是个医生，在我二十来年的成长历程里，父亲看着我一点点地长大成人，我也一天天地看着父亲从最开始的实习医生，变成如今一家社区医院的负责人。

　　作为一个医生的儿子，我很诚实地告诉各位，从小到大，我确实享受了不少看病方面的便利，可能大家会在这儿横加指责，说这不是在搞特权，滥用职务吗？但我想请各位平心静气地思考一下，我的父亲作为医生，他的同学几乎全活跃在医疗第一线，可能对于你们，看一个病要去挂号排队，但对于我来说，不过是一个电话的问题，就算电话解决不了，我也可以登门拜访，或者请求对方上门来"望闻问切"，甚至为了保险起见，可以同时找到七八个专家"三堂会审"，这对于你们是几乎无法办到的，但对于我这样的家庭，却是最切实可行的求诊方式。

　　当然，任何的家庭都不希望有机会去享用这样的"特权"，毕竟生病对所有人来说，都不是一件好事，但因为人体自身结构的复杂、气候环境变化的突然，无可避免地还是要和医院打交道。

因为种种原因，医院一直以来就是一个是非之地，医患矛盾也是众多社会矛盾中极为突出的一种。医患之间的纠纷主要集中于以下几点：看病难，挂号难；医院服务态度差，对病人吆三喝四；为了追求片面的经济效应，进行不必要的检查、开药；医生之间推三阻四，对病人爱理不理。而在这众多矛盾中最为严重的当属医疗事故。

对于普通人而言，并不能很直观的去理解医疗事故，毕竟这样的事情如果不是发生在自己身上或者身边很亲近的人身上，你是很难做到感同身受的，虽然在报纸新闻上，每天都有数不尽的此类新闻，一次次地对你造成情感冲击。

关于医疗事故的报道，绝大多数的矛头是指向医生的，因为从病人的角度来看，在医疗过程中，是一个被动接受的状态。在手术台上，病人的身体、生命全部掌控在医生手里，是一个典型的弱者形象，我们这个民族自古就喜好打抱不平，同情弱者也一直是传统道德重要的组成部分，所以在大众的认知里，医生总是不对的。

小时候，我的父亲为了更好的监督管理我，在值班的时候会把我带上，安置在他的办公室做作业，因为这个原因，我误打误撞地经历过几次医疗事故，话说那场面还真是相当热闹。一大车垃圾在医院门口点着，有时候也会换成大量的烟花爆竹，一群家属和社会闲杂人员敲锣打鼓地跟在后面，路口还放置了大喇叭、高倍音响，来到医院的人是许出不许进，要是半天没人搭理他们了，还会跑到后面住院部和办公区域闹。虽然父亲极力避免幼小的我受到影响，但这么大动静，我怎么可能无动于衷，到最后是出动了大量民警才维持了医院的正常秩序。

读了很多书，这一辈子却更加颠沛流离

从那时候我就开始思考，到底是什么原因，加剧了医患之间的矛盾，致使他们非要用这种极端的处理方式来解决医疗事故呢？

在这儿，我推荐大家可以关注一下渡边淳一先生的这本《麻醉》，来讨论一下关于医疗事故、医疗道德的问题。

《麻醉》讲述的是这样一个故事，由于麻醉师的疏忽，高伸的爱妻在手术中失去了意识陷入深度昏迷，尽管采取了不少补救措施，但还是回天乏术。在对妻子的治疗中，以及和医院、麻醉师的沟通过程里，高伸经历了一场情感、道德、法律的心路历程，最终妻子还是走了，医院做出了最大程度的赔偿，高伸也原谅了造成事故的麻醉师。

故事的结构并不复杂，唯一有些特殊的，可能是在其中穿插了一段高伸的婚外情经历，以及在事故发生后的一段时间，医院方面刻意隐瞒了事情的真相，单方面的进行补救治疗。

作为一个曾经的医生，渡边淳一对于医患双方，都有比较深刻、详细的认识，所以在情节设置里，力求真实、细致，造成事故的原因很简单，在手术前没有对患者进行过敏体质检测，而直接进行了麻醉处理，患者由于这万中无一的特殊体质无法适应麻醉反应，导致悲剧的发生。

在这之后，医院、高伸的家庭、麻醉师，这三方面围绕着病床上的患者，展开了一场人性和道德的纠葛。从医院的角度来说，作为一家享有盛誉的医院，它们不希望自己的失误被报道出去，对医院造成无法挽回的影响，所以一直在掩盖真相，他们希望通过补救治疗能挽回医院的声誉，能让患者重新康复，但却因为一直以来遮遮掩掩的态度，以及突然免除了所有的医疗费用，引起了高伸的怀疑。从高伸的角度来看，他希望知道真相，希望知道妻子手术后昏迷的真实原因，但因为害怕惹恼医院，耽误了妻子的正常治疗，所以并没有采取极端的方式去逼问真相和事实。而对于麻醉师而言，虽然这样的事故并不完全是他的责任，但从医疗道德来看，他是难辞其咎的，一方面他希望治疗能出现转机，卸去自己的思想包袱，另一方面，出于道德情感的折磨，他又想对病人家属交代真相，来换取内心的平静。于是人性的错综复杂因为这场医疗事故得到了一一的展现。

其实，仔细审视这一场医疗事故，处理得还是比较圆满的，医院和医生没有推卸责任，一直在尽最大的努力治疗，最后治疗无望，也做出了最大程度的赔偿，病患家属对于事故也是理性对待，不论是从法律上还是道德上，都对医生的失误做出了谅解。

作为一个医生可不可以出现失误？能不能出现失误？我认为前者的答案一定是可以的，医生也是人，是人就难免会犯错，我们从小到大，一直都在训练书写汉字，练习拼音，但在日常生活中还是无可避免的会出现错误，甚至就像我这种整天和文字打交道的人，在交给编辑的稿件里，还是不可避免地会存在字词句的毛病。"人非圣贤孰能无过"？既然人无法保证自己一点都没有过错，那作为'人'中的一员——医生，难道就因为他们的职业特殊，而一定要像圣贤一样，力求一生都没有过错吗？

但是可以并不代表能，医生是一个不能犯错的职业，在人的身体上动刀开药，稍有差池就是人命关天的大事。可能对于普通人而言，写错一个字可以重写，说错一句话可以道歉，哪怕是破坏了一件公共设施，都能修缮或者重新购买。但对于医生而言，手术中些微的差别，检查上

读了很多书，这一辈子却更加颠沛流离

一点点的失误，都可能导致极为严重的后果，手术台上无小事，不论是偏瘫、截肢甚至是死亡，都是无法挽回的沉重代价。

所以在一般情况下，医生不愿意进行没有把握的手术治疗。有这样经历的人应该记得，在一些重大手术开始前，都会有专门人员拿着《手术同意书》和《麻醉同意书》来找手术人签字，如果手术人无法进行签字，也要他的家属代签，如果手术过程里出现其他状况，需要改变手术方式，也会立即请外面等候的家属签字确认，没有病人家属的签字，大部分医生是拒绝进行手术的，因为他们明白，在没有责任人的情况下，贸然进行手术，一旦出现意外，事故的责任就要由执行手术的他来承担。

并且在一些重大手术开始前，医生是会反复向你说明手术可能出现的风险，即便是一些小手术，仍旧会存在无法预知的突发情况，医院方面是一定要向你详细说明。比如说一台手术的治愈率是99%，偏偏你运气不好，就是那个1%，如果医院没有提前告知，或者没有出具详细的书面说明，那么对不起，就算在整个医疗过程中，医院没有一点责任，也必须对你负责到底。

在我国，对于医疗事故是有专门的法案规定的，也有专业的医疗仲裁鉴定机构对医疗事故进行专业评判，按照道理来讲，出现事故时，是一定有法可依，有规可循的。但是为什么大部分人喜欢先去医院闹一闹，或者是通过其他不正常的手段来解决问题呢？

答案显而易见，那就是病患家属不信任医院，不信任那些仲裁机构。确实，就拿我父亲打个比方，他是一家地方医院的院长，而我们这里的医疗事故仲裁机构就是由这个地方声望较高、医疗水平比较出色的专家团队组成，在这些专家团队里，有我父亲的同学，有老领导，有偶尔在一起吃饭打牌的朋友，毕竟一个地方的医疗圈子就这么小，低头不见抬头见，大家谁不认识谁啊！而就算在省内来看，其他地区的医疗仲裁点，也有不少是师兄师弟、一起进修的、曾经帮过忙的，还真是"天下谁人不识君"啊！

没有办法，就好像我作为一个写作者，自然就会比你们结识更多这方面的专业工作者。而对于像我父亲这样的医生，他们生活工作的圈子里，自然也全都是各个地区的医护人员。

可能有人会听说过，医生在踏上工作岗位之前，都要集体宣誓，誓言的名称叫"希波克拉底"誓言。这是2400多年前一个德高望重的西方老医生向医学界所有医疗工作者发出的倡议，他希望大家都能遵守这些医疗的基本道德，问心无愧地进行各项医疗活动。

大部分医疗工作者一生都秉持着这个誓言，不敢有丝毫逾越，但仍旧有不少医生，甚至还有一些并未取得行医资格的江湖骗子在反复践踏着这份誓言。因为他们的存在，大众对医生的不信任感是情有可原的。他们不相信医生是不收红包的；他们不相信，在医疗过程里，不论亲疏远近，医生对待每一个人是一视同仁的；他们更不相信，在发生医疗事故时，医生之间不存在互相保护、互相遮掩、互相包庇的；甚至他们认为，医生给你开的药一定是最贵的，医生要你做的检查一定是没有必要的，医生对你的建议，也是不能全信的！

这太让人吃惊了，看病手术时，你把生命都交给了医生，可你却对这样一个必须要托付生命的人，都不能采取基本的信任，那么这治疗还怎么进行？

是的，我无需对各位隐瞒，因为家庭的原因，我见过不少唯利是图的医生，为了经济收入，私底下进行不少小动作。但我接触更多的，是那些有良知有道德，始终坚守岗位的人。春季流感频发之时，不少孩子突然感冒，医院排了很长很长的队，为了能给所有孩子及时治疗，两个儿科医生一直忙到中午一点半，匆匆扒了几口盒饭，下午看病的人又把大厅围满了；接诊艾滋病患者，尽管内心千不愿万不想，但按照规定和医疗道德，只要他找到这儿了，你就必须进行救治，手术台上鲜血淋漓，稍有差池医生自己的命都要搭进去，但你只能全力以赴；抗击非典时，全国人民都躲在家里，医生不行，他必须迎难而上，坚守岗位。他们也热爱、珍惜自己的生命，但因为职业的责任感，他们别无选择！

每个人都是自私的，当我们需要他人的时候，我们的态度会无比的谦卑，我们会对他保持充分的信任。可一旦我们之间产生利益冲突了，人性的丑恶会在瞬间暴露无遗。

信任是相对于事件双方而言的，建立信任感更是一个长期且艰巨的过程。诚然，一些医生丧失道德底线、缺乏职业责任心、更缺少对病人的爱心。他们的行为破坏了医生在老百姓心中的神圣形象，加剧了彼此的不信任感。而病患在面临医疗事故时，不能理性面对，胡搅蛮缠、不讲道理、没有原则，这也让医院、医生无计可施，在以后面临此类情况时，战战兢兢、犹犹豫豫，不能临机决断，产生更加严重的后果。

作为一个医生的儿子，我无意在这里解释什么，更没有必要去掩饰什么。我只想诚实地把自己所知道的，真诚地告诉大家，从更客观的角度去看待这个问题。

正像不久前热播的电视剧《心术》中所表达的：我们有义务告知患者家属真相，但同时我们也有权利做出相应的解释，前提是，在整个过程中，我们对得起自己的道德和良知！我们无愧于作为一个医生的职业使命！

信中书

——

读了很多书，这一辈子却更加颠沛流离

论如何成为一个合格的吃货

——趣谈《随园食单》

如今，通过手机和网络，社交媒体强有力的渗透进了我们的生活。点开朋友圈，各种自拍、各种秀恩爱、各种旅游、各种鸡汤，而看到最多的还是各种美食小吃。常常会有不少内心"阴暗"的朋友大半夜出去吃个夜宵，还不忘拍点照片上个朋友圈，这一觉睡醒，腹内空空，别提有多拉仇恨了！

而通常这类人士，都得意地为自己标榜上了一个响亮的称号——"吃货"！但是依在下愚见，吃货这个封号可不是想要就能要的，囫囵吞枣，看到好吃的就狼吞虎咽，这可不能算什么吃货，充其量也只能是个"饭桶"。而能做到四处寻觅美食，哪里有什么好吃的出来了，第一时间就赶到，这也只能算是一个低级吃货；还有一些人闲来无事，亲自下厨，制作各类点心小吃，召集三朋四友一起来享受品鉴的，这算是比较合格的吃货了！可是今天为大家介绍的这位啊，可说是吃货中的"开山老祖"，要知道古往今来，爱吃、会吃、擅长于饮食之道，还能把饮食的准备、制作、烹饪、保存、品尝这一系列过程总结提炼成一本美食宝典的，可说是少之又少了！

袁枚（1716～1797）字子才，号简斋，又号随园老人，浙江余姚人，清代著名散文家、诗人，乾隆四年进士，外放县令，为官清廉，奈何仕途不顺，隐居南京小仓山随园。此后饮酒赋诗、广交宾朋、对酒当歌、其乐无穷。袁枚一生著述甚丰，但他能被后世记住的很重要的一个原因，是创作了一本具有划时代意义的吃货宝典——《随园食单》。

康雍乾三朝是封建王朝的鼎盛时期，人民生活相对稳定，士大夫生活比较安逸，所以对于丝竹琴弦、口腹之欲的追求也达到了一个登峰造极的地步。袁枚处在这样的大环境中，自己又广结宾朋、颇有才气，自然是吃遍天下，心有所得，于是他就结合自己多年的"蹭饭"经验，写出了这样一本吃货心得。

为什么说《随园食单》写得好！理由大致可以总结为以下几点。

第一点，是记述的全面，全书按章节分类十四个部分，总结了三百多种菜式，包括瓜果蔬菜、家禽野味、飞鸟鱼兽的焖、煎、炸、炒、蒸、炖、煮、腌、酱、卤、醉各种处理方法和烹饪技巧。涉及京菜、鲁菜、徽菜、粤菜、淮扬菜，既有市井小吃也有满汉全席，包罗古今、兼顾南北。

第二点，本书对厨师的职业道德和食客的饮食素养做出了具体的要求。袁枚认为，一桌好菜，三分靠烹饪，七分靠采办，巧妇难为无米之炊，厨师只有事先做好准备，采买了合格、新鲜、符合时令的原料，才能进行制作。并且着重提出厨师要注重厨房卫生，除了个人卫生之外，案板、刀具、锅灶也要注意清洁，保证食物的营养健康。厨师在下厨前，要仔细询问食客有无特殊的饮食要求，有没有口味偏好，及时对

读了很多书，这一辈子却更加颠沛流离

菜肴的甜咸酸辣做出调整，饭后要认真听取食客的建议，及时向同行求教学习，善于总结，提升自己的业务技能。而食客要懂得必要的饮食知识，学会如何正确进食，什么食物要趁热吃，什么食物要搭配什么酱汁，什么食物不能混杂着进食，哪些是需要特殊处理的，只有掌握了具体方法，才能吃到食物的精髓。而在餐后可以根据自己的真实感受，合理具体地对厨师提出正确意见，方便厨师参考改进。值得一提的是，袁枚对当时铺张浪费、滥用食材、空求排场的现象提出了严肃批评，并且专门为之做了一篇《戒单》，举例说明某大户请客，为求奢华，干炖一大碗燕窝，不仅浪费了这么好的食材，还不能够吃出燕窝的精华。而上菜走菜，一蜂窝来个七大碗八大碟，虽则满满的铺了一大桌，看似大气奢华，但这不仅破坏了餐桌的合理布置，还忽略了食物的冷热属性，十足的暴发户场面。

第三，此书用词准确、语言生动、典故庞杂、条理明晰，虽然这是一本文言文的著作，但即使不看注解，也能大概明了这到底是在表达什么。值得一提的是陈伟明老师的编著十分细致，除了必要的文言文翻译、典故解释之外，还另行一文，重点讲述现在的饮食规律、饮食习惯和当时袁枚讲述的有哪些出入，该如何比较这两者的联系，哪些可取，哪些有失偏颇，方便我们更好地理解袁枚所总结的清代饮食文化。

诚然，随着现代科技的发展，当时的一些理念在如今已经不大适用了，比如说火候这一点，当时没有现在这么便捷的天然气、煤气，以及现代灶具可以随心所欲地调节火候大小，所以对于菜品的温度、火头的调控自然是大大的不便。所以袁枚十分反对火锅这种饮食方式，认为把一大堆东西堆在一个锅里煮沸，不管从营养还是搭配角度都是非常不合理的，而现在有了鸳鸯锅、九宫格等多种分隔形式，还能随意调节火候开关大小，自然不存在袁枚所提出的那几点问题，所以火锅仍旧是冬日里滋补取暖的绝佳餐饮方式。但总的来说，袁枚的著述还是全面、丰富且准确的，抛却个人口味、时代科技和地域文化特征差异这些因素，袁枚书中所记录的大部分餐饮规律以及食用方法，在今天仍旧拥有巨大的参考价值，而书中所提到的餐饮道德，如今成为厨师做菜的基本职业准则，为每个餐饮人所遵守。

有时候想想，袁枚要是生在现代，绝对是一个相当合格的美食杂志主编。所以，吃货朋友们，今天就为你们强烈推荐这本袁枚的《随园食单》，想想看，一盘菜端上来，你能准确说出这个菜品的处理方法和食用技巧，在小伙伴面前是何等的光荣啊！《随园食单》绝对是一本快速提升吃货饮食文化素养的经典之作。

读了很多书，这一辈子却更加颠沛流离

第三章

如果世界放弃了诗歌

如果世界放弃了诗歌

　　曾几何时，诗人是世界上最浪漫、最真诚、最受人尊重的职业。中国封建王朝的顶峰是唐代，在那样一个歌舞升平、八方来朝的盛景里，诞生了李白、王维、白居易这一个个指点江山激昂文字的诗词巨匠们。在那之后，诗歌尽管无法重现盛唐的辉煌，却成为文人酬唱、知识分子交往的重要媒介，对中国社会产生着极其重要的影响。

　　近代以来，语言文字革命，新诗诞生，结合中国的文化社会实际，徐志摩、戴望舒、穆旦、冰心、艾青、林徽因这一个个才子佳人们，为中国、为世界留下众多脍炙人口、经久不衰的经典诗篇。在以前，文艺男青年表白写情书、文艺女青年暗送秋波，谁手上都少不了一本《唐诗三百首》或者是《近代诗歌精选》用来参考学习。甚至就连我，在老家房子抽屉里，还发现我的妈妈书写、摘抄的满满一大本的诗词集句，这让我实在无法把这个本子，和眼前这个脾性"凶悍"的老娘结合起来。

　　可是在今天，文学的力量大不如前了，文字创作者也纷纷天南海北、各谋出路，诗人们的处境更是可悲可叹。海子自杀了，顾城自杀了，打工诗人许立志自杀了，舒婷开始更多地投入散文创作，而更多的那些无名诗人们，举步维艰、茫然无措，或是苦苦坚持，或是自娱自乐，或是忍痛割爱，诗歌的艳阳天似乎一去不复返了。

喜欢和支持诗歌的人越来越少了，能经常哪怕是偶尔朗读诗歌的人更是越来越少了！

诗歌真的死了吗？世界真的开始放弃诗歌了吗？

不，这不对，更不行！

从高二开始我接触了播音主持，开始每天清晨坚持朗读，到了大学，我有意识的开始诗歌创作，到如今对诗歌的持之以恒、不离不弃。七年时间里，我朗读了近万首诗歌，也书写了数千首诗歌，尽管很早就没有出版和发表的打算，尽管很多诗歌自己看来都有些幼稚可笑，我却从未想过放弃。

因为诗歌是语言、是文字艺术的最集中表达，因为诗歌是生命对于命运、对于明天、对于希望、对于黑暗的最深刻呐喊，因为在朗读的过程里，我是快乐的、是幸福的、是愤怒的、是天真的，更是不可替代的！

诗歌不会死去，世界更不能没有诗歌。因为人类还有爱，人类还在一直追求着美，因为这个世界还有那么一种东西，能反映出我们内心最深处最纯真的声音。

我的书橱里，永远的为诗歌留下了一个大大的位置，在以后，在我初心不改的岁月里，我需要给诗歌更多的位置和时间，因为我会一直热爱、一直朗读、一直倾注着诗歌！

或许我离开这个世界时，做不到"轻轻地我走了，正如我轻轻地来"，但我知道，在拥有诗歌的日子里，我始终生活在"人间的四月天"里，沉醉、痴迷、浪漫、幸福……

惊鸿雨巷，缱绻深情

——戴望舒《丁香花开满巷暖》

自从戴望舒完成了《雨巷》，就有无数人问他，这个世界到底存不存在那个丁香一样的姑娘。面对这样的问题，戴望舒总是笑笑，并不回答，这更加引发了大家的好奇心。有人曾去了戴望舒寄居的小镇探访打听，似曾得到了一些线索，又好像是一无所获，于是，"丁香姑娘"就成了一个谜一样的童话，为无数人欣赏、猜测、歌吟、想象。

很早以前，我也为这个醉心好奇过，但是对于丁香姑娘是否真实存在这个问题，我的内心是矛盾的，我既想邂逅一次这个丁香女孩，看一看是怎样的惊鸿一瞥，让诗人的内心产生了如此巨大的震颤，但同时又怕这个女孩并不如想象中的那般美好，辜负了自己酝酿许久的期待。就好似《红楼梦》一般，固然我们明白，我们很难创造出比高鹗续作更完美的结尾，可还是抱怨他的此番作为，破坏了故事本身的无数种可能，扼杀了属于读者自身的更为开阔的想象空间。

《雨巷》的美是缥缈的，姑娘的到来如烟似雾，朦胧的出现在诗人徘徊的雨巷，带给了诗人无尽的遐想和愁思，引发了他对于自身命运、民族国家的忧虑和惆怅，姑娘的离开更是悠长静默的，这次会面是偶然、是意外、是生命里无法捉摸的一次缘分。

是啊，这样意外的相逢对于此时的戴望舒而言，是弥足珍贵的。当时的社会一片灰暗，民族的未来，国家的明天，诗人自身的命运都处于风雨飘摇中，难以预料，不可把握。此时的戴望舒是低沉的、迷茫的、更是痛苦和失望的。他无法明白为什么黑暗始终笼罩着大地，为什么正义就这样屈从于邪恶，为什么自己和革命同志的一番心血，并不能换来预期的胜利果实。这一个个问题积聚在诗人的内心，无法排遣，更得不到回答，只好反复行走在寂寥的雨巷，希望在这江南的梦境里，舒缓内心的痛苦，追寻自己一直苦苦求索的答案。

那一年的戴望舒22岁，尽管怀疑，尽管迷茫，可生活给予他的，依旧比他所失去的要多得多。就像在以后的日子里，错失了施绛年的他，依旧得到了穆丽娟和杨静的爱。虽然对于诗人而言，过分沉醉于创作的他，其实并不懂得爱情和女人，天生的大男子主义、自负自傲的为人处世、对于爱情过分理想化的态度，最终让这一个个美丽更是独立的女子们，相继选择离开了他，去追求她们真正想要的生活。

因此，面对爱情，戴望舒在大部分的时间里是手足无措的，就像他在《单恋者》中写道的"真的，我是一个寂寞的夜行人。而且又是一个可怜的单恋者。"作为诗人的戴望舒，是对爱情存在了太多的憧憬和幻想，尽管生活给了他无数沉重的打击，但是他从未放弃过对爱情永恒的希望。

可是，尽管不断地寻找，不断地期待，可真正属于他的爱情，却是短暂的、虚无缥缈的，甚至诗人曾经怀疑那样的爱，并没有真正出现过。在《我的恋人》中，戴望舒是这么写的："她是一个静娴的少女，她知道如何爱一个爱她的人，但是我永远不能对你说她的名字，因为她是一个羞涩的恋人。"我愿望这样一个羞涩的恋人，真实地出现在戴望舒的生命里，并且带给过他美好、安宁、温馨的生活，如一束鲜花，开合在诗人璀璨却闪耀的生命里。

诗人从没有放弃过对于爱情美好的期待，对于生活、对于爱情，他始终是保有一颗积极、开放的心。这样的情感在《到我这里来》中表现得十分具体，"人们不知道的一切我们都会深深了解，除了我的手的颤动和你心的奔跳；不要怕我发着异样的光的眼睛，向我来；你将在我的臂间找到舒适的卧榻。"正是由于在这样的情感驱使下，诗人常怀赤子之心，从不掩饰自己的真实情感，爱情出现时，大胆表白、勇敢追求。1942年，37岁的戴望舒遇到了和他一起共事的抄写员杨静，尽管两人年龄相差了整整21岁，情感、家庭甚至沟通上存在着巨大的隔阂，但是面对这个真纯、深情的姑娘，戴望舒仍旧听从了自己内心的召唤，两人冲破重重阻力，最终还是走入了婚姻殿堂。可是，作为诗人的戴望舒是浪漫的、天真的，却依然没有改掉自己早年的毛病。对于爱情盲目乐观，妄想只要拥有爱情，一切的问题和矛盾都能迎刃而解。正是因为存在这样的心理，这段爱情，戴望舒依然没有守护到最后，连日的争吵、不断激化的矛盾，以及无法调和的情感裂缝，消耗尽了两人相识相知的美好，最后，尽管他拒绝在离婚协议上签字，可年轻的妻子还是选择了逃离，结束了他们维持六年的婚姻。

爱情的消逝、不被理解的痛苦、对现实生活的无奈，致使戴望舒无法使自己的艺术创作和现实生活达成一个微妙的平衡。此时的戴望舒是苦闷的、寂寞的，于是，他只好把自己埋葬在往昔的坟茔里，在回忆

如果世界放弃了诗歌

中品尝属于过去的甜蜜。正如《我的记忆》中所写的"我的记忆是忠实于我的，忠实得甚于我最好的友人。"或许，此刻的诗人依然还是幸福的，在烟圈中、在酒精的刺激下，往日的种种浮现心头，被酒精麻醉了的心，迷迷蒙蒙中，那一个个丁香一样的爱人陪伴一旁，从未离开。

爱情是诗人人生中极为重要的一个篇章，这是诗人的心性所决定的，但处于那个时代的戴望舒，并没有推卸自己应当负担的社会责任，以及民族国家对于一个时代先觉者的召唤。除了早年义无反顾的革命者作为，对于民族国家的担忧，对于社会正义的坚定，始终是戴望舒诗歌中一个极为重要的主题。

和《雨巷》同时期写出的《断指》中，有这样的句子："这断指上还染着油墨的痕迹，是赤色的，是可爱的，光辉的赤色的，它很灿烂地在这截断的手指上，正如他责备别人的怯懦的目光，在我们的心头一样。"对于断指的歌颂，和对于故去友人的追忆贯穿于全诗，透过断指，诗人怀念和革命友人一起战斗的光辉岁月，同时表现了自己对于未来人生的迷茫，他希望自己能够找到答案，关于自己何去何从的答案，更是关于那个时代更多的青年道路的答案。《断指》是戴望舒诗歌重要的转折点，全诗少了一些《雨巷》的迷蒙感和音乐性，语句直白干脆，口语化浓重，却真实地反映了诗人当时当刻的情感心境。

比之《断指》，诗人另一篇《我用残破的手掌》，则更直接的反映出了对于祖国的热爱和挚诚，"我把全部的力量运在手掌，贴在上面，寄予爱和一切希望，因为只有那里是太阳，是春，将驱逐阴暗，带来苏生，因为只有那里我们不像牲口一样活，蝼蚁一样死……那里，永恒的中国！"国家、民族、个人都是息息相关的，无法分割的，诗人的胸臆中饱含着对祖国的爱，对国家民族现状的思考和愤怒，通篇文字激昂、开阔、充满战斗力，反映出了诗人拳拳报国之心。

可就算如此，在抗战胜利初期，他还是受到了极不公正的待遇和误解，由于妻兄穆时英的附逆行为，以及沦陷时期伪政权对于他严重失实的宣传报道，有些不明真相的学者对他妄加指责，甚至对他冠以汉奸的名号。对于这样的误解和侮辱，戴望舒是委屈的更是愤怒的，想到自己在沦陷区多次因为宣传抗日遭受牢狱之灾，想到自己从未放弃过的，一颗对于国家民族的真心，戴望舒心潮涌动，激愤之下，他写作了《我的辩白》为自己申诉，并且拿出了自己抗战时期的全部作品，来证明自己对于国家的忠诚。

1950年，这个忧郁、多情、激愤、赤诚的诗人，这个留下了无数优秀作品，以及大量经典译作的才子永远离开了这个他无比眷恋却又无比惆怅的世界，属于他的生命终结了，可属于他的诗歌却永久地为后人传颂。

不同的人所写的诗歌会给我不同的感官体验，比如李白的诗歌，如高歌纵酒，不痛饮一番，总会感觉有些意犹未尽；比如杜甫的诗歌，如清茶淡饭，细细咀嚼，民生艰苦，生活磨难不住地在心头演绎；再比如林徽因的诗歌，小桥流水，少女玲珑，是爱是美更是歌；而戴望舒的诗在我看来，恰似一杯淡雅的花茶，初饮时，轻柔叮咚，握不紧抓不牢，一缕青烟般飘忽离散，但过后反复回味，才明白这一抹深意早就深植于内心，恰如雨巷中那个姑娘，她只偶尔在你生命里来过一下子，你却深深地在心里把她思念了一辈子……

他只是个任性的孩子

——谈谈我所读到的"顾城"

1993年10月8日，在位于新西兰的奥兰克市一个叫做"激流岛"的岛屿上，38岁的顾城缓慢地举起了手中的斧子。妻子的眼睛在一刹那透露出了无数种表情，有惊惧、有悲叹、有绝望，最后只剩下死一般的寂静。顾城紧紧地注视着脚下的身影，极力的张大眼睛，想把关于这个女人的一切，她的回忆、她的美好、她的悲伤、还有她的现在全部刻录在自己的心里，他的手在颤抖。

"对啊，过不了多久，我也会死去，这一切还有什么意义。"这个念头刚一出现，顾城的眼神猛然狰狞起来，他的手突然不再颤抖了，斧子高高举起，一下、两下，三下！四下…鲜血喷涌四溅，有那么几滴落入了顾城的眼睛，他突然停下来，茫然地看着眼前的一切，似乎并不明白，到底发生了什么。

不久，一条关于朦胧诗派代表人物顾城"杀妻自杀"的新闻传遍了大街小巷，诗人！疯子！变态！一时间，关于顾城的一切，夹杂着对于他的争论和非议迅速成为焦点。

诚然，大多数人开始了解顾城，源于他的一句，不！更准确地说，是源于他的一首诗：黑夜给了我黑色的眼睛，我却用它寻找光明。——《一代人》

　　有时候，诗歌的成就和价值，是完全不能用字数的多少来衡量的，这首诗总共只有一个句子，连上标题不过短短的二十一个字，但就是这二十一个字，奠定了顾城在朦胧诗派中的绝对地位。同时，这看似不起眼的一个句子，开启了华语诗歌创作的一个全新境界，让无数后来人学习、追随、模仿，却始终未能超越。

　　顾城的诗歌，来源于他所经历的人生，来源于这跌宕起伏的人生里，他那一颗尽管赤诚，却始终"不识时务"的心。顾城生于1956年，在这个年代出生的人，"文革"是他们身上共有的标签，但对于亲历者而言，这不仅是标签，更是灾难和记忆。在那样一个充斥着无知、毁灭、混乱的年代，不论是作乱者还是受难者，他们同样都是不幸的。作乱者不明所以、一拥而上、为虎作伥、制造悲剧；受难者苦苦哀求、默默忍受、咬牙坚持、无望等待，历史用一个巨大的玩笑，折磨了属于那个时代所有的人。顾城出生在一个革命者家庭，同时也是一个知识分子家庭，这样的经历非但没有为他消灾解难，反而给他平添了更多思想上的负担，对于时代的思考和困惑，比时代本身更为深重的折磨着他，这样的遭遇，磨砺出了他独特的诗性，却又同时埋下了一颗极为危险的思想炸弹。

　　《一代人》写于八十年代初期，文革的阴翳尚未完全驱散，但此时的顾城依旧对世界保持了有限的信任。这份信任来的小心翼翼、迟迟疑疑，他极为害怕，他怕自己这有限的信任都有可能是错觉，但因为内心尚存着童话般的天真，他愿意用更真诚的态度来面对这个世界。

《一代人》中最精彩的意象就是这个"黑"字，第一句的黑夜可能是一个真正的黑夜，也可能是隐喻了那个黑夜一样的时代。这样的时代践踏了美好、毁灭了信仰、摧毁了人与人之间好不容易才建立起的真诚，人们唾弃它、痛骂它、诅咒它，但顾城依旧相信，这个时代并不是一无是处的，最少给予了他"黑色"的眼睛，同样是"黑"，但这个"黑"比黑夜的"黑"就要光明的多了，因为眼睛是明亮的、是有着是非判断的，更是心灵的一扇窗户，它对于外界的世界既是接收、观察，更是思考、分析，尽管它的颜色依旧还是黑色，但却拥有自主的选择和判断。在一个黑暗的时代，每一个先觉者都是伟大的，他们要先于别人承担数倍的痛苦，但正是他们的清醒拯救了时代，当大众享受光明和阳光的恩赐时，是否想到这些先觉者们的功绩，他们疯了、傻了，甚至死了，但这些人的牺牲，却医治了时代的顽疾。

而在《红卫兵之墓》中，顾城把他对于那个时代的思考，以及自己对此所持有的态度，做出了一个真实具体的表述。"泪，变成了冷漠的灰，荒草掩盖了坟碑。"顾城对那些枉送性命的"革命者"还是抱有同情态度的，但这同情背后，是对于那个时代冷静的思考和判断，虽然这些牺牲者是带着"美好愿望"慷慨赴死的，但因为愿望本身的无知错误，导致他们的死亡并没有期待中的那么大义凛然，更多的是一种自欺欺人的可悲，所以在顾城的笔下，这些死者是带着"可笑的自豪"在地下长睡。顾城同情、惋叹这些时代的参与者，他们以为自己如一个烈士一般为祖国流尽了最后一滴鲜血，但事实上，不过成为时代最可悲的牺牲品。

如今的红卫兵之墓历经沧桑波折，只留存了一些断壁残垣，但对于那个时代的反思态度，却比墓葬本身具有更为深远的历史价值，它的存在不仅是时代的见证，更是一尊巨大的警钟，警醒着每一个后来人。

曾经有一段时间的顾城是积极的、热爱的、昂扬的，为此，他创作出了一首极具生命力的诗作《生命幻想曲》，在诗中他写道"让阳光的瀑布，洗黑我的皮肤。太阳是我的纤夫。"这样的笔触和意象，极具浪漫主义情怀，虽然在气度上比之李白的"飞流直下三千尺，疑是银河落九天。"差了不少，但对于一个情感异常细腻，内心极度敏感的写作者来说，这已经是难得海阔天空了。而在诗作中"太阳烘着地球，像烤一块面包。"则更为真实地体现了顾城孩子一样的天真态度。《生命幻想曲》是顾城诗作中难得的振奋之作，诗人把自己对于生命的热爱、生活的期望用一种更为生机盎然的方式表现出来，语句振奋，气势恢宏，诗作充满了力量感。

可最令我关注的，是这首诗歌的创作时间——1971年，那是灾难愈演愈烈的时间，但那个时候的顾城却因为年轻，对世界还是更多的充满了爱和希望的，所以反映在诗作上，基调比较明快，从这，我们就可以很明显地感受到，那段灾难到底给予了他多少痛苦的回忆，才导致了以后他那越发怪异的性格，以及不断扭曲的内心世界。

有人说诗人都是疯子，都是长不大的孩子，可这个世界上最简单的人就是孩子，最真诚的人就是疯子，因为无所顾忌、天真烂漫，所以最简单、真挚、充满了爱的句子，也正是这样的人写出的。

就像那首《远和近》中："你，一会看我，一会看云。我觉得，你看我时很远，你看云时很近。"诗作的语句直白、简单，但那种爱情的朦胧、恬静却自然而然地渗透在字里行间，诵读时，既有对爱情的幻想祈求，也有对于心上人态度的不确定性和担忧，这种爱情里患得患失的状态，是顾城性格上的弱点所导致，更是他孩子般心性的真实反映。

而另一首《弧线》："鸟儿在疾风中迅速转向/少年去捡拾一枚分币/葡萄藤因幻想而延伸的触丝/海浪因退缩而耸起的背脊。"通过对四种美好意象的描写，呈现出从真实到幻想的转变，一步步地扩大着自己想象的张力，最终到达一个更为开阔的想象空间。而如果把四句话分开看，又分别构成了充满动态感的四幅图画，真仿佛置身于诗人所构筑的童话般的世界，整个心都安静下来了。

而面对爱情，顾城的态度和他的诗歌一样，大胆、简单、真挚，一次火车上的意外的邂逅，让他认识了当时的谢烨，并随之开始勇敢的追求，在书信的交流下，两颗心越走越近，顾城用着自己对爱情的坚定和执著，最终打动了谢烨。

但这样的爱情着实是忧患重重的，生活不能全凭热爱，爱情也不能全靠感觉，可这些，两个都没有完全长大的孩子显然没有领会。

顾城做出的最大的一个错误就是选择移民，我认为最后悲剧的发生，"移民"是非常重要的一个因素。作为一个中文写作者，顾城拒绝学习英语，这不但导致他不能胜任一些原本他可以去接受的工作，还让他一直无法融入当地人的生活。这让顾城的生活始终处于一个异常拮据的状态，尽管在很多人帮助下，给他提供过不少机会，但因为怪异的性格，和消极的生活态度，这些机会并没有被他好好利用。

而移民也让顾城性格中的"孤独"越发的严重，成为一个不可控的心理症状。一个诗人是需要崇拜者的，崇拜者的鼓励、关注、夸赞，会成为他写作的动力，更会带来内心的满足感，填补精神上的空虚无助。在国内，前辈兄长们理解顾城，对他十分宽容；平辈同行欣赏顾城，对他大加褒扬；后辈学生崇拜顾城，把他捧到一个很高的位置。顾城在国内是被宠坏了的，他习惯于别人对他的礼敬有加，更习惯于长期以来的众星捧月，但这些在新西兰，并不属于他，他开始找不到自己在这个世界的位置，这对他而言是致命的。

感情上的纠葛成了最后一根稻草，时至如今谁对谁错并不重要了，唯独要紧的，是死者是个诗人，是一个永远长不大的孩子。

这是顾城最后一次任性，他的人生正如他的诗歌一般，虽然都不是很长，却是如此精彩绚烂，可能他的死亡是他最后一次的写诗，只是这一次，他的诗作是如此的自私……

娶一个如江南一般温润的女子

——席慕蓉《七里香》

我一直坚信，我生命的意义，就是在等待一个江南女子，她途径我的生命，陪伴我的人生，从此和我如影随形，我想要的生活，似乎就是这么简单。

这样的等待是漫长的，偶尔也会感到深深地无望，可我仍旧固执地等，如信仰一般坚定，我让自己深信不疑，只要内心足够虔诚，愿望终有实现的一天。

这个时候的我，读到《一棵开花的树》，真是一种如遇知音的震颤，诗句中的每一个标点都像是写给那时的自己。"佛于是把我化作一棵树，长在你必经的路旁。阳光下慎重地开满了花，朵朵都是我前世的盼望。"这种对于幸福的迫切和期许，真是我此刻内心的最真实写照。当我静静诵读章句时，我感受到的，是一种渗透于灵魂的幸福感，那一刻，我认识了一个女子，认识了这个女子构筑的一个充满了温润和爱的诗句王国，这成了我等待路上最好的证据，日日回荡于我的梦中。

从那时起，我开始爱上了席慕蓉，一个写透了江南风韵的草原女子。

江南，这是一个带着温度的词语，唇齿吐纳之时，无数的画面就会像电影胶片一样在脑海里回溯漂泊。

汉字最神奇的地方，就在于词句背后所蕴含的无穷意味，它们和词句本身拥有千丝万缕的联系，但却并不拘泥于此。比如这一声江南，明面上是一个地域名称，可在这背后，小桥流水、吴侬软语、轻歌曼舞，这一连串最代表江南的事物，和江南相伴相生，迷醉了无数才子佳人，也引得她们留下了无数的华章丽句，和这一片土地相映生辉。

如果仅仅读诗，"席慕蓉"这个名字和她创作的众多诗句，是会"欺骗"很多人的。在我的一贯印象中，"席慕蓉"这个名字一定是属于一个没落的世族大家之后，她们祖辈根植于江南腹地，诗书礼乐、琴棋书画是生活的主要组成，一代代人不管家道盛衰、景况好坏，都不会放弃作为一个书香门第应有的坚持和骄傲，所以才会出现席慕蓉这样的女子，在纸上种下万千文字。

况且还有这些诗句，来佐证我的想法，比如"从此，悲哀粉碎，化作无数的音容笑貌，在四月的夜里，袭我以郁香，袭我以次次春回的怅惘。"再比如"一直在盼望着一段美丽的爱，所以我毫不犹疑地将你舍弃，流浪的途中我不断寻觅，却没料到，回首之时，年轻的你，从未稍离。"

这样的诗句，也只有最蕙质兰心的女子才有可能构思的出，于是，想当然的，我把这诗句的主人定位在了江南，这个孵化了无数繁华梦幻的神奇土地。

可了解了事实之后，我有些惊愕，席慕蓉竟然是一个蒙古族女子，于是，我的脑子里迅速出现了这样一幅画面，有蓝天有草原有骏马有湖泊，尽管这一切的场景也是美得耀眼，却完全不同于江南，江南是呢喃、是温柔、是细腻，是打着伞的雨巷，而草原是粗犷、是纯净、是大气，是像《敕勒歌》一般的句子，风吹草低见牛羊。

但事实就是如此，一个血脉中根植了草原的野性和倔强的女子，笔下的文字却是如此的柔情似水、婉转玲珑。

探索席慕蓉女士的成长足迹，这样的文字表现并不难解释，虽是蒙古族血脉，但却出生在了四川，旅居在香港，成长于台湾，多元文化地域的交错影响，让她的文字吸收了足够丰富的养分。虽然四川的山川分隔；香港的城市孤岛；台湾的孤悬海外，让她始终漂泊流浪、惶惶惑惑，但诗人的心是拥有净化功能的。孤独、思念、成长的阵痛，这一切人类发育衰老旅途中无法规避的磨难，经由她内心的沉淀，全都化作美的表达，有的卓尔不凡、有的惹人怜爱、有的亭亭玉立，交错排列成长短不一的诗句，存留在每一个对文字依旧痴心不悔者的书架和心灵中，传递着永恒的魅力。

尽管生活的环境在不断变化，但在席慕蓉的内心深处，家乡仍旧是自己最神圣、最企盼、最梦想着的地方。席慕蓉的外婆是蒙古族没落王族的后人，她的青春岁月是在草原上度过的。对于一个纯粹的、自由的生长于草原的女子来说，弓马骑射从来不是男人的专利，这一切仿佛穿衣吃饭一样，是蒙古族姑娘的日常，她时常和席慕蓉念叨属于草原的光辉，属于成吉思汗子孙的骄傲，以及一个草原女子骨子里对蓝天白云的归属感，这一切如同一个种子种在了席慕蓉的心里，让她在以后的日子里，更加深刻地记忆了自己的名字——穆伦·席连勃，这在蒙文中是"大江河"的意思。

外婆的影响、内心深处血脉的召唤，让席慕蓉对自己的家园保有一种异常复杂的态度。她想去一探究竟，可又怕来到那一片土地，她像一个离家多年的孩子，将要踏足家乡的地界，内心总是摇摆的，每一步都是小心翼翼的。她怕她看到的一切和梦里梦到的不一样；她怕内心的期许没有得到尽善尽美地安抚；她怕猛然面对故土，眼泪会暴露自己脆弱的灵魂。可她还是去了，排除了众多艰难险阻，更排除了很多自己内心的纠结。我不知道她踩在家乡泥土第一步时，是否是热泪盈眶的，但我可以肯定的是，经过这一趟，诗人的心灵得到了净化和洗涤，她以后的创作，更加深沉厚重了，因为身体和灵魂的回归，给她的诗句注入了更加绚烂、丰富的色彩。

艺术的世界从来都是相通的，在中国文人的传统里，"诗书画"也是从来不分家的，所以席慕蓉作为一个诗人，同时还是一位画家，也自然是顺理成章的事情。在她的画里，有对传统文化的坚持、对古典浪漫的坚守、对爱和美的礼赞，在她的诗中，也充满了画面感、构图感和中国文人的精神特质，两者彼此独立却又不可分割。如同两道不断延伸的平行线贯穿于她青春和生命，就像她在《铜版画》中所描述的"遥远的清晨是一张着墨不多的素描，你从灰蒙拥挤的人群中出现，投我以羞怯的微笑。"诗歌的灵性、语句的画面感，在你的脑海中交汇、纠缠，你如在画中，倾听画中女子的低语浅唱。

在历史的长河中，中华民族经历了无数的磨难，这些磨难是整个民族最为宝贵的财富，但同时也成了极为沉重的负担，压在每一个个体的肩膀上，警醒、激励、召唤着我们踉跄前行。这样的情绪反映在文学中，直接影响了我们对文学作品的价值评判标准，更指引了主流文化的创作导向。我们倡导歌颂厚重深沉、充满了时代感和历史感的文字，我们希望文学能更多地服务于时代，带有力量感和时代色彩，起到"文以载道"的作用。像是杜甫、像是司马迁、像是鲁迅，自觉地充当了文化的脊梁，和社会的阴暗面厮杀抗争。

按照这个标准，席慕蓉的文字显得有些轻浮，是啊！男欢女爱、相思离别、爱恨情仇，这些终究难登大雅之堂。在中国的文化史中，就算是那部"字字看来皆是血"的《红楼梦》，如果不是因为和反封建、争取个体自由独立打了个擦边球，仅仅凭借这些男男女女的生活故事，是不可能达到如今的文学地位的。

可是在我看来，对于文学，更具体地说是对于诗歌的评判标准，不能仅仅依据高度和深度这两个方向来定夺，时代需要华章凯歌，但同时也应该接纳情歌小调。在一个真正多元、自由的社会里，有嘶吼国歌的庄重肃穆，也有打情骂俏的莺歌燕舞，这两者天差地别，却可以共存，它们在人类的社会生活里同样不可或缺，一个包容且兼容的社会文化生活，是一个民族走向成熟的重要标志。

席慕蓉的诗歌，就如同"悄悄话"一般的作用，简单的语句、自然的叙述、清新的表达，就像是你心中窝藏的情话一般。你欲语还休、你羞于启齿，你犹犹豫豫，捧读《七里香》时，你惊讶且惊喜，你真想把你的爱人找来，借着这些诗句，说完你想说的话。

是的，这就是席慕蓉，这就是她的《七里香》，是"溪水急着要流向海洋，浪潮却渴望重回土地"；是"青春透明如醇酒，可饮、可尽、可别离"；是"所有的结局都已写好，所有的泪水也都已启程"；是"今生将不再见你，只为，再见的，已不是你"；是"把含着泪的三百篇诗，写在，那逐渐云淡风轻的天上"。

是一个女子最贴心的温柔；是一个痴情人最诚挚的关怀；是一段梦幻、真心的爱；是几句沧海桑田的誓言；是撒娇、是祈愿、是祝福、是等待、是你、是我、是我们、是最永恒的幸福！

我认为我们在人生的某一段，一定会喜欢上席慕蓉的诗歌，因为我们都会爱，都会深情，都会不可自拔。爱情除了生育繁衍、门当户对，还拥有很多语言和科学都无法表述的神奇和伟大。我们会读着她的诗，想念着一个人和关于这个人的许多事，我们是会带着笑的。

可能很多年后，我们会无法理解当时的自己，无知、幼稚、可笑，我们会在反思时，对自己进行无情的批驳。但请记住，那是你，那是你完完整整的青春，那是一段你今后将反复怀念的岁月。

我依然在等，等那个江南一样的女子，等和她一生一世的爱情，不管现实还是不现实，也不问对或者是错。

偶尔，我会翻一翻《七里香》，我读诗，也相信诗歌，相信我会找到那个江南女子，相信和她前世今生的约定，相信我们不离不弃的永远的爱，我一直相信着。

尽管，她和我，可能都忘了约定的时间和地点。

信中书——

如果世界放弃了诗歌

第四章

一个城市里的寂寞旅人

一个城市里的寂寞旅人

　　生活在城市里的人，是很难拥有归属感的。在乡村，最少还有土地、还有庄稼，这些铭刻了生活痕迹的事物，是你生存的最好证据。可在城市，你无法对任何事物产生拥有的概念，马路、路灯、高楼大厦，它们都不属于你，就算是你自己的房子，你也不过是个寄居者。几十年的时间，对于一个城市的历史而言，太过于微不足道了。

　　城市这个概念，不知道是谁首先提出的。但是无可否认的是，它的出现，推动了人类文明的高速发展，给这个世界带来了翻天覆地的变化。城市不仅是个范围名词，更包含了巨大的价值属性。特别在现代社会，随着科技的发展，城市代表了机遇、挑战、财富、便利、快捷，因为这些，无数人不辞辛劳、费尽心机的想要在城市中留下来。

　　这些人中有很大一部分是年轻人，因为年轻，他们心怀梦想、敢于追求，更重要的是，他们还拥有支撑起自己梦想的精力和体魄。所以，他们需要城市，而城市也必须依赖他们，保持自己的活性，于是，城市和年轻人达成了妥协，他们彼此需要，彼此依赖，各取所需。有一些幸运儿成功地留在了城市里，且不管他们的手段和方式，毕竟成功各不相同，失败却很是类似，就算留下了，他们和这个城市依旧是隔阂着的，需要很长的时间，才能真正融入城市的灵魂。但对于那些失败者而言，他们唯独的选择只能是回家，城市剥夺了他们的青春、爱情、梦想，留给他们的却只有疲惫的灵魂，大部分人已经没有从头再来的勇气了，在这个时候活着比生活更加重要。

城市对每一个人都是公平的，虽然这公平中包含了太多冷酷、残忍和尔虞我诈。可既然你选择了城市，就应该已经为这些做好了充分的思想准备。规则一直存在，或者改变它，或者被它改变，它并没有给你提供其他的选择。

城市里的夜晚是眼花缭乱的，路灯、车灯、广告牌灯光、LED显示屏、工厂、店铺、夜市、一个个还在工作着的不曾熄灯的窗户。城市里是没有夜晚的，闪烁灯光的背后，是一个个城市里的旅人们。

旅人们是因为各种各样的原因来到这个城市的，或许是家乡落后的经济水平，让他们看不到发展；或许是不断普及的教育，造成了文凭学历的严重泛滥，辛苦读书之后，却仍旧无路可走；或许是为了证明自己、实现自己，希望能在这个城市找到属于自己的伯乐。不管是什么原因，他们的目的是一致的，留下来，并且生活得更好。

可他们真的是生活得更好了吗？高昂的物价和生活成本让原本还算丰厚的报酬捉襟见肘；老板的斥责、同行的排挤，同事之间的勾心斗角，可自己却连找个倾诉的人都找不到；他们见到过凌晨四点多钟的夜是什么样的，并不是如诗人所说，夜凉如水、静待花开，那种死寂和清冷，不仅冻僵了身体，更冻伤了自己的心。他们在各个城市出差办事，这不是行走在路上，那种漂泊无依的状态，让你只想找一个温暖的怀抱痛哭一场。

可他们不能回去，回去代表着投降，回去意味着失败，回去，自己之前的所有努力，所有忍辱负重就都白费了。他们喝着咖啡，仍旧夜以继日；他们拿着行李，继续奔波在不同的旅程；他们拖着受伤的身体、疲惫的灵魂，苦苦挣扎。

他们会在逢年过节，自己方便的时候，提着大包小包"衣锦还乡"。他们会对所有人说自己过得很好，他们会骗自己，这就是自己一直在追求的，自己一直想要的。

是真的吗？偶尔，你会不会想起小时候的梦，那时候，一个糖葫芦都能让你甜蜜一个下午，一个纸飞机都能让你幸福一整天，可现在，你真的快乐吗？

他们是这个城市的旅人，步履匆匆、神色匆匆，匆匆的不过是这人世间一个匆匆的过客。

一个城市里的寂寞旅人

那些游走于时光缝隙的流浪者

——读蒋勋《九歌：诸神复活》

　　大学的时候，我就读的专业全称是戏剧影视文学，每当我向别人这么介绍自己时，大多数人的反应都是一愣神，随之下意识地问："啥？"这样的遭遇让我十分尴尬，于是，我只好继续向他们解释，这个专业大概就是类似于编剧专业，主要学习戏剧、电影电视的创作与分析，也会参与到戏剧的编排，影片的拍摄中去。

　　"嗷，那一定很赚钱吧！"

　　这是大部分人最正常的反应，也是不少人衡量一个人或者一件事物的重要价值标准，在当下的社会，我们处处被金钱绑架。投资需要商业回报，政府需要招商引资，企业需要融资发展，个人需要攒钱买房买车，钱离开我们很容易，但我们离开钱，却只能是寸步难行。

　　但是当我们拥有了一定的经济基础之后，物质生活的丰足，加剧了我们精神层面的空虚。我们开始着眼于文化艺术，我们希望用这些，提升自己的生活品位，让自己能更优雅地在这个世界活着。

　　于是，一系列适应这个消费时代的文化娱乐产品开始在这个城市里生根发芽，书店、酒吧、影城、密室逃生，为城市里寂寞的灵魂提供了很多不错的休闲场所。

但并不是每一个城市里都能拥有剧场，说来十分惭愧，虽然自己是个学戏剧的，但是整个大学时代，我所看过的戏剧，满打满算都不会超过十部。倒不是对这个不感兴趣，只是因为去看一部戏剧的成本实在是太高了，而且大部分时间都用在了路上。

我至今都无法忘记第一次观看戏剧的场景，那还是班级里组织的，地点是在南京大学仙灵校区。从我们学校赶到那里，是整整两条地铁线从头坐到尾，路上的时间就用掉了整整两个多小时。戏剧总体上还是比较成功的，但回来时候已经是末班地铁了，一群人又累又饿赶回学校，第二天足足睡了一个上午才缓过气来。

之后也听闻不少戏剧演出的信息，但不是因为时间赶不上，就是地点实在太远，大多数都是不了了之。

但就算这样，仍旧有那么一帮人不辞辛苦，孜孜不倦地赶赴观看各个戏剧演出，到底是怎样的吸引力，让他们醉心其中、不可自拔呢？

今天，我就给大家介绍一部蒋勋老师的作品《九歌：诸神复活》，谈谈我所感受到的，戏剧作品中所蕴含的无穷魅力。

在《九歌：诸神复活》中，蒋勋老师是一个参与者、观察者，更是一个纪录者。他从艺术的角度解析《九歌》，从文化的角度诠释《九歌》，更是从流浪的角度，赋予了《九歌》在如今这个时代更多的现实意义。这个《九歌》是当年的屈原在汨罗江畔的放逐之作，也是林怀民先生的云门舞集在现代编排演绎的戏剧。

在今天，以传统文化作为主题进行艺术创作，无疑是需要巨大勇气的。因为对于普通观众而言，很多传统的东西不仅艰涩无趣而且难以理解，所以他们并不愿意为这一类文化创作，浪费时间和金钱。但是对于林怀民先生而言，传统文化不仅仅是一个民族自信心的体现，更是根植于血液中的传承和思考。看着西方社会里莎士比亚、易卜生等人的作品被反复排演，不断地影响着一代又一代的人，林怀民先生又是着急、又是担忧，他着急于华夏民族流传千年的优秀文化却不能在现在发挥它们应有的作用，他更担忧如果这传承在我们这一辈人手中断了。那么每一个文化的先觉者都将成为历史的罪人，于是，他投入了对于《九歌：诸神复活》的创作。

对于戏剧而言，比之其他艺术，最大的优势就是现场感，这个现场感包含了场景、演员、道具、你自己，甚至还有这一切元素组合所给你带给你的情绪催生。这样身临其境的现场效果绝不是电影技术里3D、4D，或者说随着科技进步，未来所能出现的8D、9D这些科技因素所能替代的。为了更好地保证这样的演出效果，大部分戏剧演出的场所都不大，不少演出现场直接就被称为小剧场，在这样一个相对密闭的空间里，其实观众也是戏剧演出的一部分，演员的表情、话语、情绪，和你之间并不存在太大的距离，你们之间是存在情感交流的，戏剧的情感力量、演出状态，在用一种更为直接的方式传达给台下的你，而你对于戏剧的眼神、表情、反应，也影响着台上的演员发挥。

记得金星老师曾在节目中说过，她在某次参演戏剧时，改换了原本拟定的台词，反而被称赞极具创造力。是的，戏剧是一种很考验演员功力的艺术，它没有剪辑，更不可能重复，对于同一个演员去演绎一出相同的戏剧，都可能出现两种截然不同的演出效果。演员在相对固定的舞台上，呈现动作、语言、情绪、故事、情节，她的一举一动，甚至声音中一丝丝的颤抖都可能会对台下的观众产生影响。所以一台戏剧能否成功，演员的作用占到了一半以上，她们需要根据现场，根据自己当天的演出状态，不断地进行调整，甚至在忘词和动作出错的情况下，还必须迅速做出补救措施。所以戏剧演出是对演员具有极高舞台要求的，也正因为这样，不少演员能够轻松驾驭电影电视，但是面对戏剧舞台却仍旧束手无策。

对于《九歌：诸神复活》而言，所要解决的，除了这些戏剧的基本问题之外，更重要的，是如何在传统和现代之间构筑一道桥梁，让两者产生有机的联系，寻找《九歌》在如今这个时代的价值意义。

《九歌》并不是林怀民先生涉猎的第一步传统剧目，在这之前《白蛇传》《红楼梦》相继被林怀民搬上了戏剧舞台，这一次，他所突出的戏剧元素，是存在于《九歌》中所有人物的浓重的流浪感。

流浪感，这几乎成了每个现代人所共有的情绪状态，为了获得更好的生活环境、生存条件，在过去的几十年里，众多的乡村人口涌入城市，加重了城市的各项负担，也带动着城市的发展。人口的猛然增加带来了一系列问题，首当其冲的就是住房问题，为了解决这一问题，各个城市都处在永无休止的拆迁和建造中，城市的变化日新月异，很多熟悉的街道、建筑在很短的时间里就消失不见。而为了获得更多的机遇和发展，特别是刚刚步入社会的年轻人，更愿意选择前往大城市应聘求职，哪怕逢年过节也很难回一趟家。这样的迁徙运动，剥夺了我们对于故土的强烈归属感，而这样四处奔波的生存状态，让我们的内心始终处于流浪的状态，无所皈依。

一个城市里的寂寞旅人

对于《九歌》而言，最典型的流浪者，莫过于他的作者屈原，当年的屈原一心忠君报国，结果反而遭受放逐的命运，这种流浪感是存在于他身上的切肤之痛，反映在文学创作中，《九歌》的所有人物都无法摆脱流浪的伤怀。

比如《国殇》中的那个年轻的战士，我们并不清楚他的年龄，但根据蒋勋先生的分析，"殇"指的是早逝的生命，以前人寿命比较短，男子不足二十死亡，才可以被称作"殇"。二十岁，多么美好的年纪啊，生命中最精彩的事物正等待着我们去发现、去享受，可是这个年轻的战士却牺牲在了战场上。战场上尸横遍野、血流成河，但没有人去理睬这一切，甚至不会对那些还仅仅是孩子的死者抱有丝毫的同情心。战争，没有对错，只有胜败，战场上没有孩子和长者，只有敌人。你不把对手彻底杀死，下一刻，他就有可能给你致命一击。活着，就是生存的尊严，而这些死者，只能成为没有名字的尸体，一点点的被人们所遗忘。

黄沙漫漫、冷雨凄凄，鲜红的血液和泥土交织在一起，变为深红、褐色，而后逐渐发黑，最后掺杂进了泥土，再也辨认不出，而那些尸骨一天天的风干腐化，也成为那片土地的一部分，倾诉着无尽的悲凉。可是，他们原本都是有家的，包括那个年轻的战士，他有自己的父母，有兄弟姐妹，如果侥幸成婚的早，可能还会有自己的妻子和儿女，他是他们的牵挂，他们也是这个年轻战士的信仰！

他们知道自己的儿子、兄弟、丈夫死亡的消息吗？或许不知道，或许就算知道了也不会相信，那么鲜活的生命怎么可能说没就没了。他们在等，在耐心地等、在虔诚地等、在近乎绝望的等，一年、两年、三年、十年，终于，连他们自己也相信，他回不来了，他再也回不来了。

最后，这个年轻的战士就成了彻底的游魂，失去了等待他的人，他再也不能找到回家的路。于是，他开始了无止境的流浪，有人说他在寻找，寻找自己丢失的头颅，寻找自己没有方向的家，寻找自己曾经活着的证据……

而另一位典型的流浪者则是湘夫人，历史上对于湘夫人的创作原型说法不一，但大部分都认为湘夫人指的就是舜帝两位妃子娥皇女英，因为舜帝的突然离世，泪洒湘竹、离魂湘水，从此她们的灵魂就漂泊于湘江之上，希望能和舜帝再次相会。于是湘夫人的形象，就成了爱情和坚贞的象征，人们在她们身上寄予了对于爱情最美好的祝福，希望自己所拥有的爱情也能是如此，一生只为一人，一人共度一生。

但从我的角度来看，屈原在"湘夫人"身上所寄予的情感，并不仅仅是爱情那么简单，虽然屈原遭受了流放的命运，但自始至终，他都没有放弃过被重新启用的希望，他依然坚定地相信大王不过是被小人蒙蔽、谗言误导，但是终有一天一定会幡然悔悟，注意到自己从未改变过的赤胆忠心，仍旧对他委以重任，到那个时候，他所受的一切委屈都是值得的。但事实上，这样的期望不过是一厢情愿而已，楚王始终没有重新召回自己，而楚国这样一个当时的泱泱大国却一再被秦国欺凌压迫，屡战屡败、屡败屡退，兴复国家的希望在一天天的变得渺茫。于是，屈原非常羡慕湘夫人和湘君之间亲密无间的关系，他渴盼着和楚怀王之间的君臣关系也能如这般，推心置腹、毫无间隙，这样就不会让小人有机可乘，自己的治国思想就能得到实现。可是历史没有可能，随着楚国不断地割地赔款，甚至连国都都没能保住，屈原的最后一丝希望破灭了，于是他选择了死亡，让自己这个亡国之人也成为汨罗江中的一个流浪者。

信中書

一个城市里的寂寞旅人

在《九歌：诸神复活》中，贯穿全场的是一个提着行李箱的旅人，他在戏剧的各个关键部分，突然地撞入画面，匆匆而来，又匆匆离开。这就是我们现在大部分人真实的生存状态，这个社会鼓励我们外出闯荡，去寻找机会，更是去实现自己。当有一天我们发现自己已经习惯了漂泊的状态，家对我们而言，不过是旅程中一个比较固定的旅馆而已，我们就成了彻底的流浪者。而对于舞台上的旅人而言，他不仅是一个生活的流浪者，更是一个在现实与历史间穿梭的旅人。当身着现代西服的他和背后古老的画面交错碰撞，身在台下的我们是惊诧的，但表演者们却仍旧无动于衷，继续着自己的表演。不用错愕，那个旅人就是我们自己，当我们只关注于自己的生活、自己的人生时，对身边的人和事更多的是一种漠不关心的态度，这样的状态在别人看来是可怕的，就如同我们对台上的场景所表露出的惊诧一样，我们无法理解这样的漠然，但当我们置身其中，成为一个现实生活的表演者时，却会表现得更加自私冷漠！

这就是戏剧的力量，它不会对你讲经布道，却把问题和矛盾拆解在整个戏剧中；它不会让你眼花缭乱，目不暇接，却一次次地叩问着你的心灵；你可能在当时，并不能茅塞顿开、恍然开悟，但之后细细回味，你总会有所思有所悟。蒋勋先生运用自己夯实、丰富的古典文化积累，以及对现实社会的充分把握，重新诠释了《九歌：诸神复活》，他和林怀民先生一道，为古典文化在现代的传播做出了一个成功的范例。

一部优秀的文学作品，不论是经历文化的变革，还是穿越时代的变迁，都依旧会寻找到属于它的知音。因为不管星移斗转、沧海桑田，那些根植于人类思想深处的困惑、悲伤、喜悦、忧愁是不会改变的，只要寻找到一个合适的切入点，能用现代的表演手法把它重新诠释，这些经典的作品将会在现在焕发出更加生机盎然的艺术光芒!

对了，我在这里所说的戏剧指的是我们从西方社会引进的现代戏剧，区别于我们传统的戏曲表演。在最开始时，我们把这称之为文明戏，因为戏剧对于当时的知识青年而言，是极具启蒙意义的，不少有志青年就是因为戏剧才走上革命道路，而不少老一辈艺术家也是通过戏剧积极地同那个黑暗的社会进行斗争反抗，所以戏剧对于中国人而言，是带有特殊情感联系的。

所以，我无比恳切地建议大家去欣赏一部戏剧，可能它的视觉冲击和画面效果真的不如电影，在价格上，也要比电影昂贵的多。但亲临剧场观看剧目，就像在音乐厅聆听音乐演奏一样，那样的体验，将是你一生都无法忘怀的美好记忆!

信中书

我们的问题

—— 《水知道答案》

现代人做事情特别喜欢搞"圈子"，"圈子"这东西古代也有，那时候叫结党营私，或者也可以说成是拉帮结派。

而在现在，圈子被赋予了更为具体、细致的功能作用，指的是一帮具有相同爱好、共同兴趣的人群，为了特定的目的攒聚而成的一个小团体。

我大学时候就读的是一个传媒类院校，再加上自己也算半个文艺工作者，所以也是不少"圈子"中的一份子，而和我产生最多联系的，莫过于记者圈、作家圈、影视圈。这三大圈子在如今的中国可以说是绝对的高危人群，自杀、牺牲、抑郁、吸毒、绯闻这许许多多的负面新闻在这几个圈子里屡见不鲜。随着这其中某些意志力不坚定者屡屡东窗事发，关于这些圈子的传闻成为大众茶余饭后异常热衷的谈资。

当然，在我所认识的朋友中，并没有这样的现象发生，因为大家都是年轻人，拥有丰厚家业或者绝对社会关系的毕竟是少数，所以大部分还在这些行业的底层苦苦挣扎，为了生活、为了梦想咬牙坚持。

我个人喜欢夜间创作，有时候写累了、写烦了喜欢找个人聊聊天。一般而言，我总能在各种聊天工具中发现适合的倾诉对象，一两点发的朋友圈，一堆人在点赞；两三点发的状态，七八个人各抒己见；三四点钟，还有若干愤青在群里面大动口舌、争执不休；甚至偶尔早起去吃个早点，还能看见朋友圈里面有人刚刚发出的状态，"好累啊！总算把昨天的工作做完了！么么哒！"

这是一件非常可怕的事情，在我的身边有太多媒体人，不过三十来岁，有一天突然发了个"好累"的状态，无可奈何地躺下了，从此就再没有站起来过，生命有时候就是那么脆弱！

作为一个从初中到现在，数理化基本没及格过的文艺青年，我是比较排斥科普类书籍的，因为在艺术的世界里，科普并不能给我们太多帮助。你一旦知道风花雪夜、雷电风霜不过是一系列化学公式的完美组合之后，对于这些自然伟力的浪漫想象一定就会逊色不少，所以除了小时候的《蓝猫淘气三千问》我几乎没读过什么科普类书籍，但是今天我要为你们介绍一本极具科学理性精神的著作，江本胜先生所写的《水知道答案》。

《水知道答案》严格来讲只不过是一本科学摄影集，江本胜先生在八年的时间里，运用精密的科学仪器拍摄了不同类型的水所形成的天然水结晶。这些摄影图片无疑是令人惊叹的，你无法想象，在平时生活里平淡无奇的水，竟然还能拥有如此美丽、缤纷的状态，更让人无法置信的是，这些水结晶会因为外界环境的变化，以及它周边所有生命体情绪的喜怒哀乐，改变自己的结构形态。

人类的科学活动一直在向着两个方向发展，一种是宏观的宇宙世界，我们希望能走得更快更远，看到更多的东西，从哥白尼提出"日心说"到人类登月，到现在我们认识到地球在浩渺的寰宇中不过是最微不足道的存在，我们所认识的世界越来越大了。而另一个方向，我们努力探索微观世界，从毫米、微米、纳米到更多更加细小、精密的单位，那些甚至借助观察仪器都很难发现的世界，在人类探索的旅途中被一一解密，作为这个星球上最聪明的生命体，我们运用科学完成了太多的不可能！

《水知道答案》所要讨论的，也是一些关于微观世界的秘密，所不同的是，它选择的对象是遍布于我们生活并且和我们最为息息相关的——水。而更为难得的是，在对这些水进行研究的过程里，江本胜先生对于人生有了更多全新的发现和感悟，所以他在这本书中谈论了一个困扰了人类数千年，至今仍旧争执不休的命题——微笑和幸福到底会对人产生多大的影响？

现代社会是一个快节奏的高压社会，虽然心理健康和身体健康这两大名词整天被大部分人挂在嘴上反复提及，但真正有资格、有能力，为自己的健康付出实际行动的，确实只是这其中的一小部分人。尤其是我们这些所谓的年轻人，"年轻就是动力！年轻就是力量！""你还年轻，要不怕苦不怕累，遇到事情你可不能退缩！"这许许多多口号一般的语句，把我们完美绑架，让我们没有资格更没有理由对很多事情说不，最麻烦最费心的工作永远是属于年轻人的；最严厉的斥责最无缘无故的教训永远是属于年轻人的；最多的加班最少的工资还是永远属于年轻人的！

这不公平！但我们没有勇气更没有能力去说"不"！我们知道，在生存压力日益加剧、就业形势如此紧张的今天，每一年都有源源不断的大学生加入就业大军，对于公司而言，我们如果拒绝了这些并不公平的待遇，下一刻，太多能够忍辱负重、卧薪尝胆的年轻人将毫不犹豫地接过我们的饭碗，用比我们更加卑微的心态，工作在我们曾经的岗位中，而那个时候的我们，将有可能如同一只丧家之犬，继续在各大公司之间辗转，去接受更多的不公平。所以尽管每天对工作恨得咬牙切齿，却还是不得不强颜欢笑，当牛做马地把自己这台身体机器高速运转。

经过一段或长或短的时间，我们日日夜夜马不停蹄、披星戴月，尽管天道有时并不酬勤，但或多或少我们在各个行业中站稳了脚跟，我们从开始时一无所知的"菜鸟"逐渐成长起来，站到了一个更好的位置，此时的我们更加明白"不想当将军的士兵不是好士兵"，于是，号角又起，我们向着远方继续征程！

这就是属于我们的，大部分人所选择的生活。

但是我们明白我们的身体一直在抗议吗？

我们有时候并不懂得我们的身体，我们安慰自己，如果一顿饭来不及吃，稍微对付几口，等忙完了大块朵硕一番就感觉很过瘾了！我们告诉自己，现在加班加点，得不到充实的休息，并没有关系，等发了奖金了，我们可以去地球上最棒的地方好好度假，彻底放松一番！当心灵被枯燥重复的工作折磨的无法抑制时，我们欺骗自己，这是为了家庭，这是为了未来，你一定可以的！

作为地球上最为聪明的生物，我们的欺骗大部分时候还是比较成功的，哪怕欺骗的对象是我们自己。我们相信了这些可笑的心理暗示，我们让超负荷的身体继续进行工作，我们放弃了休息的时间，去做自己并不喜欢的事情，却还可笑地告诉自己，这是对于自身潜力的更深层次的挖掘。

我们骗过了自己的心，可却并不能骗得了占据了我们大部分身体，充满了我们全部生活的水！

人在受精卵状态时，99％是水；出生后，水占到人体的90％；长到成人时，约占身体的70％；到临死时，这个数字会缩短到50％左右。在红楼梦中，曹雪芹曾把女子比作是用水做成的，而我们根据现代的科学研究，显而易见就能得出这样一个结论，无论男女，我们都是由大量的水组合而成，并且终其一生，都离不开水！

水是有生命的，它能用心去感受声音，并且做出自己独特的反应。作者在书中曾做过这样一个实验，给同样状态下的自然水，播放不同风格、不同类型的演奏曲目，并且迅速拍下水在听完这些音乐后，所形成的水结晶照片。他吃惊地发现，水在听取了那些包含着喜怒哀乐的乐曲后，能用各种形态不同的结晶体，反映出相当形象的主观情绪变化。比如说听到快乐的音乐，它所形成的结晶体就是舒展的，如果听的是悲伤地曲子，它就会皱成一团，过了好久都不能恢复原状。更有意思的是，水能听懂语言背后最真实的心灵的声音，不管用哪一种语言，只要是发自内心地说"我爱你"，"你好美"，这些赞美的语句，水总是能形成美丽的图案，可如果对它大吼大叫，辱骂嘲笑，说"我恨你"，"你活该"，这样的指责性语句，水的图案就会紧紧地缩在一起，还不停地颤抖着，真像是一个受了委屈的孩子。

水是有眼睛的，它能看到一切表象背后的事物。如果在水的面前，播放美丽、梦幻的影片，或者是给它提供一些充满生命力的照片，水的状态也会显得十分积极；但是如果播放一些充斥了暴力和恐怖的影片，或者是一些悲伤、失意，充满了灾难和杀戮的图片，水也会展示出恐惧、害怕的情绪。

水是最为敏感的，在一次研究中，研究人员怒气冲冲地走进了屋子，后来无论给水传递什么，图案始终都带有些微的破碎。而当研究人员满怀喜悦和水打交道时，所呈现出的水结晶图案越发完美无瑕。

是的，我们欺骗不了水，它占据了我们人类的全部，我们的身体是"水人"，我们无法不喝水，我们吃的用的都和水息息相关。在古代，一切文明的发源都和河流有关，人类择水而居，才有了后来的繁衍发展，在近代，我们通过先进的科技手段利用这些水为人类"鞠躬尽瘁"，水和人类的联系从来没有像现在那么紧密过！

《水知道答案》到底在告诉我们一些什么答案？透过这些形形色色的照片，水告诉了我们一些什么？

其实，这并不是水在告诉你，而是你在告诉水，水是这个世界上最纯净、最诚实的事物，它不过运用自己的方式客观地反映了你的情绪，它告诉你，伤心、难过、嫉妒、愤怒、暴戾这些负面情绪会对你造成多大的伤害；它让你懂得，感恩、善良、赞美、快乐、温柔会让你的生活产生怎样的改变；它建议你多听听优雅的音乐，多看看美丽的事物，尽量保持一颗愉悦的心，因为你身体里全部的水，会因为这些美好的东西，呈现出最美丽的形态，让幸福装满你的身体；它告诉你，如果想保持身体最完美的平衡，就要让自己张弛有度、不能一味地压榨自己。

水知道的答案，你一定都知道，只是很多时候，我们太不关心自己了。是的，我们必须奋斗，工作才能体现一个人的价值性，但我们并不能因为这个，就放弃了和家人的美好时光；是的，有时候，这个世界会带给我们很多无法预料的麻烦，但我们可以用最积极的态度去应对；是的，过度的麻木，让我们对爱、对关心、对赞美都羞于启口，但请相信，只要你用心对待他人了，你的世界一定会更加美好。

请善待你身体中的水，它会给予你最完美的生命！

黑暗中喘息的欲望

——从《桃花坞杀人事件》窥探《1984》的压抑色彩

生命中总有一些我们无法抗拒的力量，像是一双无形的大手，紧紧地扼住了我们的咽喉。我们想要喊叫，却只是发出了一些无声的嘶吼；我们想要挣扎，却被紧紧束缚住了手脚。这种感觉已经不再仅限于恐惧，更多的是一种深深的绝望，一种无能为力，唯有束手待毙的绝望感。

和赵大秀才深交数年，我较早地接触了这部作品，也参与了相关主题电影的拍摄，所以对整部作品有一个比较立体感的认知。恐怖体裁是我涉猎较少的一种类型，但是刚刚拾起这部作品，我就欲罢不能，从恐怖小说的角度来说，这部作品是比较成功的，小说情节一波三折、起伏不定，真有几分"草蛇灰线，伏脉千里"的味道，情感和氛围的营造，别具匠心，文字爆点十足，一旦开卷，就必须一读为快，不能停止！

但是，作为一个80后的悬疑小说家，他的作品中，却并不流于俗，不止于浮躁，而是包含了极大的信息量。在经历了悬疑、恐怖、惊悚这样短暂的文字冲击后，我的脑海中浮现出了另一些文字在不断和这本小说中的文字交织、比较、冲击、交汇，最后猛然涌上了我的心头，和我当下的一些思绪融为一体。最终整理出的是另一部具有极大影响力的文学著作——乔治奥威尔的《1984》。

《1984》的名气在经历了村上春树的《1Q84》大力宣扬后，愈发地为普通读者熟识。在这其中包含的政治迫害、社会高压、精神恐惧，更是让人们对笼罩在那样一个时代上空的窒息空气记忆犹新。但是《1984》的目的并不只是为了构造一个人人自危的极端环境，它真实、夸张地反映了出现那样一种危机的可能性，为时代敲响了一声沉重却响亮的警钟。

一个时代最重要的先决思想，并不是对可能出现的危机后知后觉的反应，而是对潜伏着的危险一直保持着足够的冷静判断，这是我在读完《1984》后，获得的最大思考。乔治奥威尔生存的环境，政治迫害、社会高压已经有所减缓，但是这短暂的和平并没有让他失去应有的警觉，更没有让他放弃一直根植于身体里的，对"全能政体"的高度担忧。所以，他用居危思安、未雨绸缪的忧患意识承担起了社会先觉者的责任，写下了这本《1984》，去唤醒更多人的灵魂，让这可能的恐怖在摇篮中被大众的民主精神扼杀。

《1984》所呈现的，是一个极端专制的社会，在这个社会中，每个人所能享受到的，是非常有限的自由。设想一下，如果你生存在这样一个环境里，你见的每一个人，说过的每一句话，甚至每一个不经意间流露的表情，都会被密探、保密部门，以及那些无孔不入的监视设备所记录。当时的你可能沾沾自喜地认为，自己巧妙地避开了这些眼线，但对于这些"狗鼻子"来说，你身上不可能有一丝一毫的隐私留存，甚至连恋人之间的"交合"，都有可能被完整记录。当然这对于这些密探而言，这只不过是他们再平常不过的工作，可这些信息的记录，就像是一枚定时炸弹，随时都会把你炸得体无完肤。但这一切离谱的举动，却被解释为对于国家和政治的忠诚，而被要求坚定不移地去执行，于是，猜疑、防备、检举、揭发在无数陌生人、亲人朋友、甚至恋人之间发生，人性的丑恶在昏暗的社会里反复上演，或者成为一个机器、成为一个完全的行尸走肉的机器，或者放弃自己的生命，否则，你无法在这样的社会待上哪怕一分钟！

而拨开赵大秀才刻意制造的紧张、恐怖的气氛，属于我们当下这个时代的阴暗、龌龊缓缓浮现。对于金钱近乎疯狂地追求；肉欲感官的龌龊与肮脏；钱权、钱色交易之下的丑恶嘴脸；以及道德、良知在实际利益面前的脆弱不堪。故事背后，这些在当下社会如此赤裸、又如此刻骨铭心的阴暗面一一得到了反映，这些社会现实、社会真实在那一个个喘息的肉体中，在那一个个表面道貌岸然、实则衣冠禽兽的躯体里，被演绎得淋漓尽致。属于人性最本质的罪恶得到了书写，也让作为读者的我们，看到这些自身和社会中存在的部分极端色彩，并对此产生足够的警觉思想，预防着整个社会的犯罪可能。

在经济快速增长，社会不断发展的如今，太多善良的灵魂在经历着病态的蜕变，太多美好的事物让位于金钱，人性面临着巨大的拷问，人心面临着艰难的抉择。

《桃花坞杀人事件》的恐怖不仅仅是由于真实，更来自于那一份现实，它在叩问，我们的社会到底病得有多深？这病又该怎么治？麻木不仁的我们真的知道自己已经病入膏肓了吗？

这些问题，是作为"人"的我们所必须思考的，更是每一个具有高度社会责任感的作家所必须关注的。

第五章

你要相信，
这个世界总有些人爱你是没有条件的.

你要相信，
这个世界总有些人爱你是没有条件的

那时候我上小学三年级，对自己的父母怕得要命，每次一犯错误，他们都会训斥甚至打骂我，所以我总是怀疑，自己到底是不是他们亲生的。

那一天我偷了家里的钱去打游戏机，因为做贼心虚，整个过程都是胆战心惊的，随手从爸爸的裤子里抓了一把钱就跑了，出来时候一数，竟然有好几十块，这对于年幼的我简直是一笔巨款。意识到这一点，我兴奋了好久，随后慌了神，这么大一笔钱，肯定是瞒不住的，万一被他们发现了，后果实在不堪设想。开始时我是打算赶紧放回去，但经不住游戏的诱惑，于是我计划着稍微用掉一点，剩下的再偷偷放回去，这样就不会有什么大事了。

那是一个周末，游戏机店新到了两台"老虎机"，就是通常外面人所说的赌博机，我小试身手，竟然赢了几块钱，这时候，我竟然幼稚的想，这东西好像是可以为我赚钱的，我多玩几把，说不定以后再出来就不需要偷偷摸摸了。可之后的我，从头输到尾，到天色发黑的时候，我站起身，惊讶地发现，自己把这大几十块钱，全都输光了。

我一下子慌了神，站在那儿不知所措，后面来玩的人挤开了我，扔下我一个人在游戏机店的小角落里发呆。我看见了站在台子后面的老板，完全没了主意的我竟然天真地走上去，告诉他自己输光了偷来的钱，想请求他帮帮我。老板回过头看了看我，我至今都记得那张脸，透过半开的游戏机店大门，一缕斜阳照在那张瘦削、枯黄的面颊上，那张脸写满了不屑、嘲弄、嫌弃和讽刺。

随后，他从后面码好的游戏机币盒里，随手抓了几枚递给我，什么也没说。

我拿着这些游戏机币，又来到了老虎机前。

几分钟后，我回过头看了看一直盯着我的游戏机店老板，老板一脸"慈悲"地看着我，无奈地冲我一耸肩："没办法了，小孩，我给过你机会翻本的！"

离开这家店，我脚步都有些踉跄，满脑子只有一个声音，这下子大祸临头了！

路上，我竟然碰到了数学老师，那时候我的数学成绩还是不错的，可这一阶段不知道是打游戏的缘故，还是因为自己根本没用心学，成绩一直下滑。老师见了我，一脸阴沉："张启晨，周一赶紧过来找我，你闭着眼睛做的卷子啊！除了班级里几个垫底的，这次就属你考的最差了！"

那天晚上，我心惊胆战，为了迟一点遭受惩罚，我强装镇定，饭桌上不管他们说什么，我都点头答应，我妄想一觉醒来，这一切就能够过去。

晚上睡觉时，我翻腾了好久睡不着，突然听见爸爸在客厅里问妈妈："你拿我口袋里的钱了吗？怎么感觉数目不大对劲啊！"

"没有啊，你会不会记错了？"

"不可能啊，最近没用掉这么多啊！是不是晨晨拿的？"

"你明天再算算，少了这么多，他也没那么大胆子！"

被窝里，我惊得一身冷汗。

不行，我要跑，要是被发现，我还不被打死！于是，十来岁的我精心策划了一个晚上我的逃跑计划。最后在我不大的书包里，放了两包小零食，一本漫画书，一个面包，十来个糖果，以及我的全部财产4块7毛钱。

天知道那时候那么小的我，是从电影里还是小说里看到的，我竟然还晓得留了封信，信里是这么说的："爸爸妈妈，对不起，钱是我拿的，我成绩也没考好，实在没脸见你们。我走了，我要去其他地方生活，等我出息了，再回来找你们。"我清楚地记得，当时为了使这封信看起来整齐美观，我把不会的字还查了字典，最后放在自己的书桌上，夹在了本子里。

第二天早晨，我努力掩饰，不管他们怎么问我，都说不知道钱的事情，因为见我急着上课，他们就没细问，准备晚上再说。

我的家到学校不过三四百米路程，出门之后，我毫不犹豫地向着反方向走去，一路上一些熟悉的同学不断问我，启晨，你怎么不去上课，去干什么啊？我支支吾吾地没有回答，低耷着头，极力避免和他们的眼神交流。七点半过去了，总算马路上的人少了起来，我继续往前走着，一直走到自己再也走不动了，才找了一个路边的小花园坐下了。因为紧

你要相信，这个世界总有些人爱你是没有条件的

张，早上我没有吃多少东西，昨晚又没睡好，现在走了那么远的路，肚子叫的厉害，于是就在那个小花园，我消耗掉了几乎一半的干粮。

吃完东西之后，我又继续往前走，快到中午时候，路上人突然多了起来，我害怕被发现，找到了一个小区的地下室，撕了几张作业纸坐下来，没曾想不知不觉睡着了。

这一觉醒来已经是下午四点多了，我刚走出地下室，就被邻居家奶奶逮着了，她一把拉住我，扯着嗓门大喊，张启晨找到了，张启晨找到了，赶紧通知他父母！

一时间，我身边围了四五个左邻右舍，还有一些我不认识的人。十分钟后，我的爸爸妈妈来了，看见我时，妈妈抬起了手，我以为是要打我，闭上了眼睛，用手护着自己，可是，妈妈却一把抱住了我，不停地哭，我也跟着哭，过了好一会儿，周围的人散了，只剩下爸爸妈妈和我，爸爸抱起了我，问我想吃什么。我胆战心惊地说了几样想吃的东西，爸爸在回去的路上一一买了。

进门的时候，我发现妈妈走路有点不对，爸爸的手指甲似乎有一大片淤黑，我很奇怪，但忘了去问。

那个晚上，我很幸福，爸爸妈妈没有打我，更没有骂我，他们用极其温柔的声调问我，到底发生了什么？问我以后想要干什么？想去哪里？甚至还开玩笑地问我，班级里面有没有可爱的小女孩，那一晚，不论我以后走到哪里，经历过什么，我都记得很清楚。

我是之后很久才知道的，我的信，他们中午就看到了，随后妈妈一巴掌打了爸爸，责怪他为什么没管好我。然后两人发动了所有的人来找我，甚至都忘了请假，车站、小区、广场全都找了人，如果不是时间不够，甚至都要去报警。爸爸因为出门走得太急，手指被门缝夹了一下，因为担心我，没来得及处理就出去找我了。妈妈因为走得太快，脚一下子崴了，爷爷奶奶回了老家，一听到孙子没了，下午就坐车赶回来了。

他们告诉我，要是找不到我，这一辈子都没办法原谅自己！

我哭了，在我知道这些事情的时候，在现在我写下这些文字的时候。

游戏机店在学校的强烈要求下被关了，我的成绩在这之后起起伏伏，很少有让人满意的时候，但从此之后，我和父母的交流一天天的多了，他们也试着更多地了解我，进而更好地理解我。

我知道，我的人生并不会孤立无援，因为，这个世界，总有一些人爱你是没有条件的。

我用我剩下的所有时光怀念你

——奥尔罕·帕慕克《纯真博物馆》

爱一个人，到底是一种什么样的感觉。

从看到你第一眼起，我的眼睛就装不下别人了。

真的是这样吗？

是的，我没法想象没有你的生活，我没法想象没有你参与的未来，我该怎么去独自面对。

要是最后我们没有在一起呢？

不会的。

如果呢？

那就让我用剩下的所有时光来怀念你！

世间最令人伤心的事，莫过于想爱却没有爱成的爱情，因为爱情本身太过于美好，一旦接触，就情不自禁地让人全心全意，到最后，如果没有达成期望的结果，内心的全部防线就会瞬间崩溃，那一刻的悲伤来的是如此的汹涌澎湃，无法抑制。

记得那是盛夏的日子，大学留给我们的是一个短短的小尾巴，稍一打盹，就会匆匆的过去，那一天，同住的朋友抱回一个装帧精致的小纸盒，随手丢在一旁的桌子上。

我好奇地问，这是什么？

一个女孩送的，我还没仔细看。

在我的怂恿下，他打开了纸盒，是一个个手工折叠的小星星，上面似乎是有字，打开之后，我惊讶的明白，这个女孩一个个的写下了和他在一起的全部时间，自己对他的点滴感受。

其中有一个是这么写的：和你一起看电影，其实我并不喜欢这种惊悚的题材，但场面血腥时，你下意识地牵起了我的手，拍了拍我，我整个人突然就安静下来，想让时间就这么停下，我们的手永远就这么握着。

还有一个，写了这样的句子：晚上回来时，起风了，微微有些凉意，你挡在迎风的那一面，把衬衫脱下披在我身上，看着你的侧脸，我的生活从此星光璀璨。

剩下的，朋友没有让我再去拆，被他锁在了柜子里。

那一刻，我有些羡慕他，为了这份全心全意的爱，虽然在这个时间，有些不合时宜，但有时候用力去相信一些东西，似乎就会心想事成。

朋友无奈地笑笑，摇了摇头，似是想到了什么，却也没有说出。

在那之后，这个女孩陆续送来了手套、围巾等等物品，虽然针线粗糙，但在现在这个时间，还能有一个女孩愿意为了自己爱的人，去一针一线，一心一意，想想都感到异常的温暖。

对了，还有煲汤、粥这一类的食品，也会隔三差五的送来。我明白，在大学宿舍里，这是条件允许下，女孩所能想到的最好的烹饪方式。

他们尝试了很多男女朋友所能经历的浪漫，夜晚一遍遍地逛校园，直到被蚊虫侵扰得体无完肤；选一部最文艺的电影，在零点的时候观看，虽然男孩看到一半就迷迷糊糊地睡着了；带着女孩去和自己最好的朋友吃饭，尽管所有人都感觉两人的性格、观点存在不少的差异，但依旧送上了祝福。

毕业前夕，朋友找到女孩，说出了分手，他明白两个人不会有将来，原因很复杂，家庭、地域、文化、交际、性格，原因其实也很简单，因为他对那个女孩还是不够爱。

那天晚上，女孩一遍遍绕着校园走着，电话不接，信息不回。

朋友慌了神，怕她出事，出去找她，最后陪她在小山丘旁，被蚊子叮了一夜。

之后，女孩哭天抢地，苦苦哀求、殷殷守候。

之后，我听说她"纠缠"了朋友半年，朋友硬起心肠不回应。

之后，听说她走出了感情的困境，拥有了一段全新的爱情。

我为她祝福，却也有些失落。

记得毕业那天，我陪着朋友来到一个小土坡，烧掉了那一个个不少还没拆开的小星星，回忆、青春、爱情被大火猛然吞噬，随着轻风一点点消失在视野里。

后来，我们在没提过这段时间，可能是我们故意忘了，也可能是我们刻意在回避。

不知道等她和我的朋友老了，会不会对自己的孩子讲述这段曾经的爱，如果会，又是用何种语气、何种方式来讲述，是微笑，还是伤心，是悲叹，还是释然，还是到那个时候，这件事已经不再重要，不值一提。

读着《纯真博物馆》时，会让人有一种深深的角色代入感，为了凯末尔疯狂炽热的爱恋，为了这段凝聚了无力和无奈的感情。你会把自己深深地沉溺于故事之中，放弃挣扎、放弃呼救，任由自己过去岁月里的爱情往事，和《纯真博物馆》纠葛交织，带给你的心灵一次次地鞭挞与折磨，感受回忆的涓涓细流对你内心的冲刷与荡涤。

故事很简单，一个富家公子哥凯末尔，在订婚前夕，和自己的远房亲戚芙颂无意中相遇。他惊叹于少女惊心动魄的美丽，情不自禁地和她度过了两个月的美好时光，却没想到在这个过程中，他爱上了这个女孩。可那时候，他并不知道自己的爱到底有多深，他错误地认为，可以理智地控制自己的情绪，把这段风流韵事抛之脑后，回归家里给他安排好的正常生活。

于是，他仍旧进行了自己的订婚仪式，仍旧打起精神参与一切的社交活动，仍旧周旋于未婚妻和朋友之间，直到有一天，那个女孩彻底消失。

从那一天开始，凯末尔的世界乱了，他工作时心不在焉，参加聚会时心神不定，面对未婚妻时答非所问。他去了一切可能找到女孩的地方，却还是一无所获，他的心开始一点点地绝望，可对女孩的思念却越发深刻。

等他清楚自己的感情，离开了未婚妻，重新去寻找女孩时，女孩却已经嫁了人。在之后的日子里，凯末尔是个囚犯、是个小偷、是个守护

你要相信，这个世界总有些人爱你是没有条件的

者、是个病人、更是个真挚的爱人。

小说中写到"这之后的整整七年十个月，我为了看芙颂、吃晚饭去了楚库尔主麻。其间一共是2864天，409个星期，去了他们家1593次。"在芙颂的家里，凯末尔明目张胆却又鬼鬼祟祟地偷走了大量和芙颂有关的物品，对此他是这么解释的："我爱芙颂，也爱她爱过的，甚至是触碰过的一切。我悉数收集起那些盐瓶、小狗摆设、顶针、笔、发卡、烟灰缸、耳坠、纸牌、钥匙、扇子、香水瓶、手帕、胸针……"在正常的生活里，凯末尔的举动是变态且无法理喻的，可陷入感情漩涡中的人，又有哪一个能保持正常的呢？

他爱了很久，也等了很久，更疯狂了很久。终于等到女孩离婚，回到他身边，可女孩惧怕这段感情，害怕幸福的稍纵即逝，害怕这段爱不能走到永远。在一次女孩主导的车祸里，凯末尔明明清楚芙颂的意思，却并没有产生对死亡的恐惧，两人带着释然决绝的心态共赴黄泉，芙颂不幸离开了人世，凯末尔经过抢救，最终活了下来。

可没有了芙颂，这种方式的存活又有什么意义？一具失去了灵魂的肉体在人世间游荡，除了回忆，生活对他而言再没有什么乐趣可言。

凯末尔靠着他历年"偷窃"的物品，以及这些物品背后的记忆苟延残喘。白天，他是个幽魂，夜晚，他仿佛真实地找到了芙颂，嗅着他们一起睡过的床铺，抚摸着芙颂拥有过的东西，感受着空间中存在的芙颂的气息，仿佛爱人从未稍离。

可凯末尔明白，没有什么是可以永恒的，他怕自己淡忘了芙颂，淡忘了他们共同拥有的美好回忆，他希望用一种更为恒远的方式，去永久记录他和芙颂的故事。

于是，纯真博物馆的想法渐渐在他的脑海中清晰。

他走遍了世界的所有地方，探访了无数的博物馆，熟悉它们的脉络，整理它们背后的故事，发现那些隐秘的线索，记录他们的特点，也思考自己的经历，将要建造的这个关于爱情的博物馆，该用怎样的方式呈现。

回忆，保存回忆，建造保存回忆的地方，成了凯末尔余生全部的情感寄托，这是他生命最后的也是最重要的意义。

芙颂和凯末尔是不幸的，两个人明明相爱，却彼此折磨着，不断错失幸福的机会。如果有选择，他们一定不希望自己的爱情会成今天的我们用来悼念的丰碑。哪怕平平凡凡、庸庸碌碌地度过一生，也比如今的轰轰烈烈、凄凄惨惨，要来的更加珍惜。

幸福都是千篇一律、冷暖自知的，只有不幸，才会被世人反复咀嚼，唏嘘感慨。

人是一种感性的动物，有爱人的冲动，也有被爱的需要，因为爱，我们的灵魂才能如此完整。可爱和被爱是源于我们的本能，但学习怎么去爱，怎么去被爱，却是后天的技能。有的人一见面就很合拍，有的人却需要花费一生的时间去磨合。

在车站时，我见到一对小情侣吵架，两人年纪都不大，天很冷路面很滑，女孩赌气丢下了围巾扭头就走，男孩拾起围巾赶忙去追，开始时，男孩在后面怎么喊，女孩都不回应，走到路中间，男孩一个打滑重重摔倒在地，女孩听到男孩惊叫，慌忙回过头来照顾，等他们从地上爬起，女孩搀扶着男孩一步步地走着，早就忘了开始时的争吵。

那一刻我懂得了，爱是包容、是体谅、是理解。

信中书 ——

你要相信，这个世界总有些人爱你是没有条件的

有次外出旅行，同行的有对结婚十几年的夫妻，两人不论走到哪儿都是手牵着手，毫不避讳肆无忌惮地向我们展示着他们的甜蜜。男人说，只有在她面前，自己才能天真得像个孩子，女人说，有他在，不管去哪儿，都没什么好怕的。

那一刻我懂得了，爱是细水长流，是相濡以沫，是平凡岁月里的点点滴滴。

可年轻的我们，总是在好久以后才能想明白这些道理，等到回首时，爱情却没有守在原地，等着我们去重新拾起。

但总有些痴情人，践行了爱情最初的誓言，他固执地留在了原地，陪着时间打转，等候着永远的爱人。

要是我们最后没有在一起，你会怎么样？

我会做一个喜剧演员，每天努力地练习制造欢乐，直到习惯了自己一直在笑着，忘了这笑容到底是刻意地练习，还是自然而然地祝福。

我会找一个不知道我也不认识你的地方，再不去打扰你，安静终老。

我会在这个世界四处流浪，寻找一个足以和你以假乱真的女子，要是找不到，就让我活在寻找的过程里。

我会等着你，只要你想起了我，只要你想到我了，我会用余生来完成我们的爱情。

用我的方式表达属于我的爱情

——东野圭吾《嫌疑人X的献身》

你要相信，这个世界总有些人爱你是没有条件的

一场因为爱情而近乎完美的犯罪计划，却因为爱情本身而破绽重重；一个在逻辑上几乎无懈可击的推理过程，却最终输给了真理之外的审判；一次用牺牲来成全的爱情，却因为爱情本身太过于沉重，而让当事人无法承受。

合上书的那一刻，我仿佛看见了日常生活里的石神，在"弁天亭"购买招牌寿司的他，会因为靖子随意的一次微笑，而整个人都容光焕发；在家中时，竖起耳朵倾听隔壁动静的他，会为对面母女随意的一个小动作，一个再正常不过的家居玩笑，而整个心都感到暖暖的；在书房中对数学难题发起冲击的他，偶尔想到对面那个女子时，心中某个沉寂了多年的角落，会情不自禁地，一阵莫名的悸动。

这个专注于学术研究，专心于思维高度挑战的超级天才不知道，这莫名迟来的爱情，在摧毁他整个人生和世界的同时，也让他得到了精神上的升华。从感知到爱情的那一刻，他那冷冰冰的逻辑世界中，多了一抹温情的亮色，仿佛冬日里的太阳，虽然无法完全抵御无孔不入的寒

气，但只要看上那么一眼，都是深深的感动。

我很少读推理类、刑侦类的故事，可能是因为我对小说故事的理解，是身临其境、是感同身受、是生死与共、是休戚相关，而不是被作者牵着鼻子，层层推进、步步紧逼，拨开迷雾般的表象，得到最后的答案。

但《嫌疑人X的献身》给我的阅读感受，却不像是一本标准的推理小说，作者在其中投入的感情成分有些过于饱满，由此削弱了推理本身的严密性，甚至静下心来仔细推敲，在我这个外行人眼里，这个故事架构的立足点，也是存在漏洞的。

但这部作品最为精彩的地方，恰恰就在于此，你无法武断地把它划分为任何一种类型小说。小说最打动你的，就是这段荒诞、惊奇、令人无法认同、难以理解的爱情。所有推理的基础，所有故事的根本都是围绕这段因为爱情而做出的献身所展开的。

读完这段故事，我想不少读者会和我一样，有一个巨大的疑问，石神到底看上了靖子的哪一点，才会对她产生如此深厚、真挚、不可动摇地爱？

抱歉，我找不到答案，论年龄，靖子已是中年，徐娘半老、青春不再；论才华，一个普通的陪酒女，最少在小说中并没有表现出任何的与众不同之处；论身材、姿色，东野圭吾并没有着意描述，她有何种魅力。

但是，我们其实并不需要答案，想想我们自己，当我们第一次爱上一个人时，我们是否能够回答自己，我们到底爱上的是她的哪一点。相貌？身材？笑容？或是她的青春？她的人生？抑或仅仅是她当时的年纪？

可能这些都会是理由，也可能这些都不是，但爱就是爱，我们爱上的她，是她的整体和全部，无法拆分，也不能细化，也不会如解答一道数学题一样，分点分步骤，逻辑严密、思维清晰。

石神的爱情正是这样的，我们无法苛责他，我们难以理解的，不过是他如此的年龄，为什么还会有少年一般的心态，为了爱情而不顾一切。可对于石神来说，这段爱情，是他除了自己一直醉心的数学真理之外，唯一所坚持的信仰，尽管看起来荒诞，却美好得如此合情合理。

不知怎么的，我突然想起了那部台湾的影视剧《我可能不会爱你》，这世间是否存在如"李大仁"一样的爱情，不为占有、不为得到、不为结果，只希望被爱的那个人永远幸福。

或许有一天，我也能做到无懈可击，不会因为任何的人和事，而愤怒、伤心、心潮澎湃，但唯有你的名字，还一如既往，可以瞬间击垮我的防线，让回忆如影随形！

信中书 —— 你要相信，这个世界总有些人爱你是没有条件的

爱你，是我此生最伟大的秘密

——《一个陌生女人的来信》

还记得自己第一次喜欢的人吗？青涩、纯真却无比的美好，哪怕最后的结果是如此地一败涂地，可每次回想时，记忆中的她总是带着淡淡地微笑。

是啊，爱一个人有时是不需要结果的。

还记得你曾经的第一封情书吗？因为害怕被拒绝，因为实在无法把握对方的想法，因为对可能的回复太过于忐忑，到最后，你甚至连名字都忘了写，就夹在了她的书中，却还傻傻地期待着她看完信笺后的反应。

是啊，爱一个人，她在你心里的份量会变得很重很重，重到你甚至忽略了自己。

还记得那个你曾经深爱过的人吗？不管她现在是在天涯海角，也不论此时是谁在为她遮风挡雨，又是谁在做着你曾经为她所做到的无微不至，你都不会存在一丝一毫的妒忌，因为爱过，所以你只能深深祝福。

是啊，爱一个人，原本就是不公平的，谁叫你只见了她一眼，就赔上了自己的全部人生。

或许这些你都记得，也可能你故意全都忘了，可是时光中你只要稍稍的一次用力，就会立马明白，原来这一切对你还是如此刻骨铭心，一切都仿佛是在昨天，触手可及，还是彼此初见时的悸动。

可这一切我都不会告诉你，我宁愿偷偷地喜欢你，看着你的优秀和颓靡，看着你的骄傲和失落，看着你对我的一无所知，我的心里时常泛着异样的甜蜜。

你永远都不可能知道，在过去的时间里，有一个人对你倾注了如此的深情，而我永远不会给你答案，因为爱你，是我此生最伟大的秘密。

当著名的小说家R打开这封信的时候，他一点也不知道，他正在开启的是一个女子一生最伟大的秘密，是这个女子为他也为自己，守护着的，关于爱情，却又无关于爱情的，贯穿了她和他一生的故事。

女孩第一次见到他时，还只有十三岁，是个十足的孩子，可这个孩子却疯狂地爱上了这个她仅仅见过一面，却已经在自己心里被过度理想化了的男人。

小说家R身上到底有什么，让女孩对他如此不可自拔？或许是他25岁的年纪，年轻英俊，充满活力，对任何事情都是那么的满不在乎；或许是他的冷静、博学、修养有素，待人接物总是那么的潇洒自如；或许是他的那一双眼睛，只不过一次温柔地对视，就情不自禁地让人沉溺其中，再也无法挣扎。

这个少年得志、风流潇洒、在男女情事方面应对自如的男人不知道，关于他的一切，都被这个稚嫩的小姑娘看透了，甚至潜藏在他灵魂最深处的双重人格，他性格中的自卑、怯弱，都在女孩亲密的观察中暴露无遗。

但女孩却发现自己更爱他了，这种爱是一种执拗，是一种坚定，是内心无法言说的痛。当自己身边那个讨厌的女伴，在无意中察觉到她的爱情时，用一种极其夸张、嘲讽的态度对此嗤之以鼻，女孩非常痛苦，更是异常愤怒。她知道，身边这幼稚的姑娘是永远不会懂得这种爱的，更不可能做到理解她。自己所要付出的爱情，任何语言在此刻都是如此的苍白无力，因为在那一刻，她早已下定决心，用自己的行动，用自己的一生，来实现自己的爱情。

在这个男人面前，女孩感到了极度的自卑，她明白，对于这个男子而言，自己太过于微不足道了。为了能够接近他，甚至能让这个男人最终对自己产生爱情，女孩拼尽全力地改变自己，她读了一千多本书，她开始练习弹钢琴，她开始努力培养自己文雅、淑静的气质，她希望自己的这些改变能被他看见，她希望自己的爱能得到回馈。

可女孩太了解这个男人了，只看了一眼，这个男人在她的心里就已经没有什么秘密了，经过长时间的观察，她更加明白，这个生活富裕、受过良好教育、博学多识、却又放荡不羁的男人，是不会相信所谓的爱情的。她并不是对自己的爱没有信心，但因为太爱，所以她太怕了，她怕自己炽烈的、不顾一切的，甚至带有一丝疯狂味道的爱情会让这个怯弱、多情的男人害怕，进而望而生畏，她怕这个男人根本无法理解，为什么面前的这个少女，会对他产生如此强烈的爱情？

于是，年少的她，只能把心事深藏，透过房门的缝隙，观察着对面的一举一动，看着他高雅、大方、得体的一面，一个个社会名流、艺术界的知名人士，流连于他的处所，和他高谈阔论。而另一面，则是他的放荡荒唐，更是让少女心碎的一幕，一个个贵妇名媛，商业学校的女孩，来到他的住所过夜，那刺耳的笑声、衣裙摩擦的窸窣声，无情地击碎了她所有的梦境。

女孩走了，带着满身的伤痛和不甘，无奈地离开了这里。

但她明白自己一辈子都不可能忘了他，自己一辈子都不可能再爱上别人了。

女孩无法忍受焦灼的思念，更无法抑制自己身心的无限渴望，在她的一再坚持下，她离开家庭只身回到了维也纳，她第一个去的地方就是男人曾经住的地方，这个倾注了她全部爱恋的处所。值得庆幸的是，男人仍旧住在这里，可让她的肉体和精神都感觉到无比疼痛的是，男人一如既往地还在继续着风流放荡的生活。

女孩很快接受了这一切，她明白，她爱上的是一个什么样的人，从过去到现在，她清楚自己的心，更清楚自己的这个爱人，于是，她在他附近住下了。

在之后的许多时间里，一直到最后她死去，她一直默默观察着他、想念着他、陪伴着他。

为了让她的爱没有负担，更为了让自己能更多更深地进入他的生活，她试图用更自然的方式让他们再次相识，可男人却误解了这份爱意，认为这不过又是一个和其他女孩并没有什么不同的小姑娘对他大胆的挑逗，她没有解释，默默地接受了他的占有。可男人不知道，女孩为了这一天，为他，抛弃了少女的天真和羞涩，把自己完整地交给了他。女孩没有抱怨，睡在他的身侧，感受着他的呼吸，情不自禁地流下了幸福的泪水。

三个夜晚，成全了女孩的爱情，可在男人的生活中，这一份浓烈、大胆、真挚的爱，不过是一次再平常不过的艳遇。

还好，上天赐给了她一个孩子，这个孩子成为女人全部的寄托，全部的爱恋，她对男人的爱没有丝毫的折损，反而多增添了一份，一股脑地全倾注在这个意外出现的小生命身上。为了让孩子过上更好的生活，女孩不惜出卖自己的身体，只为了让孩子能享受到更好的教育，更加优越的生活，能像他的父亲一样高贵。其实事情发展到这个地步，女孩并不需要如此固执，她的数个情人对待她都是真诚的，在日渐开放的西方社会，她的所作所为在一些真正爱她的人眼里，并不是不可原谅的事情，他们真诚地希望能照顾她、爱她，可女孩接受不了他们，就算为了孩子她能出卖自己的身体，但她的灵魂她的心依旧还是属于男人的。

在这漫长的生活里，她和男人有过几次邂逅，这几次偶遇对女孩来说十分珍贵。看着孩子的父亲，女孩的整个身子都在震颤，可男人一无所知，他是无辜的，可他更是有罪的！在一次偶然的机会里，女孩不管不顾地把自己重新交给了他，可在男人眼中，只不过把她当做天性风流的一次浪漫，在早晨起来时，甚至还用几张钞票深深地侮辱了她。

孩子死了，女孩的心也死了，对于她而言，男人的存在太模糊了，这么多年，一直陪伴她，带给她安慰，让她义无反顾去坚持的，一直都是这个孩子，这个孩子是男人生命的另一种状态体现，他的死，同时也带走了女人的全部生机。

女孩带着最后的希望、心碎、不甘，把自己心里最伟大的秘密告诉给了这个一直以来一无所知的当事人。她的心是纠结的、但却依旧饱含着希望，对于这份爱，她本身就没有什么期盼，但事到如今，她仍旧想试一试，为了这个自己永远的爱人，为了自己那可怜孩子的父亲，他有权利知道这一切。

看了信的男人是痛苦的，那种痛同样也无法言说，但却是真实的、深刻的。不知道女孩在这个时候会不会有些后悔，她想要的并不多，她说过，如果男人会为了她感到痛苦，她可能不会做出这样的选择，但此时的男人真切地感受到她的存在，为了她的死亡，为了这不朽的爱情，真实的痛苦着，可这一切，女孩再也没有机会看到了。

不知道男人会不会去寻找女孩，寻找女孩一生中爱他的痕迹，寻找女孩爱过他的证据，寻找自己错失了的，这最伟大的爱情。

或许他还是无法去面对，这样沉甸甸的记忆，他连接受都必须经历一个完整的过程。

或许这会是他最后一段的爱情，面对这样的爱，再冷酷的心也无法在此时心如铁石。

不知道怎么的，我突然的想到了电影《苏州河》。

"如果有一天，我走了，你会像马达一样的找我吗？

会。

会一直找下去吗？

会。

会找到死吗？

会。

——你撒谎！"

信中书

你要相信，这个世界总有些人爱你是没有条件的

幸好，爱从未离开

——《宝贝，别哭》我们一直都在

1945年9月2日，日本政府代表在美国战舰"密苏里"号甲板上签署无条件投降书，至此，历时14年的国际反法西斯战争最终以同盟国一方的胜利宣告结束。据不完全统计，战争中军民共伤亡9000多万，经济损失高达4万多亿美元。

战争中不存在真正的胜利者，无论是正义的一方还是邪恶的一方，都为这场战争付出了巨大的代价。城市被完全摧毁，满目所及到处是一片疮痍；乡村农舍一片荒芜，原本欣欣向荣的景象消失不见；人民的生产生活被完全破坏，属于人类社会的秩序、文明、自由，都被战争这可怕的巨兽毁坏一空，道德和公正早已不复存在；最重要的，许许多多的人，其中更多的是无辜的人民，因为战争失去了生命，再也没有机会享受生活中的美好。

对于今天的人们，战争已经是无法改变的事实，我们更看重的，是对于战争本身的思考和忏悔。关于这点，所有秉持正义、心怀公正的人民是对当年的战败国日本心存不满的，不仅因为日本在近些年以来一直保持的对他国的侵略性姿态，更重要的是他们不仅无意为战争负责，反而多次妄图篡改历史、否定事实、掩盖真相，并且一个个政府及国家的政要官员，不顾世界人民反对，屡次参拜"靖国神社"这样一个供奉二战甲级战犯的罪恶场所，这不仅是对世界人民的挑衅，更是对日本国民的欺瞒。

相对于日本屡教不改、撒泼无赖的态度，同为战败国的德国，在对待战争的态度上，就要文明、理智的多了。

从战争赔偿的角度来说，德国为了那些被侵略国家的人民尽到了最终的义务和责任，他们严格按照战后协定，一笔笔地还清了战争赔款，以此完成对过往罪孽的救赎。在1970年12月7日，德国总理勃兰特在凛冽的寒风中，对华沙犹太人死难纪念碑的下跪谢罪，不仅表达了德国对于战争诚挚的道歉和追悔，更是平复了战争受难者对于战争的痛苦和愤怒，这才是一个文明国家对于过错最真诚的应对态度。

同样是跪拜，德国人跪出了一个民族的自尊和骄傲，而我们的邻国日本，则在用他们的无知幼稚，挑战着世界的和平和稳定。

回首前尘，其实战争的罪恶和过错，本不应该由全体德国的人民来承担，毕竟战争的发起者和制造者不过是德国境内一小撮战争的狂热分子而已，对于大多数德国人而言，他们是不愿意接受战争的，甚至在战争中，他们还充当了保护者的角色，尽自己最大的努力，挽救那些无辜的人们。比如尊敬的拉贝先生，他用自己的实际行动保护了几十万的中国人民，直至今日，仍旧为无数善良的人们敬仰怀念。

而更多普通的德国人民，每天在心惊胆战中期待着战争的早日结束，他们无可奈何地被卷入了战争之中，用爱、用善良、用希望祈祷

你要相信，这个世界总有些人爱你是没有条件的

着亲人朋友的平安，希望熬过这沉沉的黑夜，还能和他们共同见证下一个黎明的到来。

《宝贝，别哭》讲述的就是这样一个普通的德国家庭，故事的主人翁"娃娃"从小生活在德国，在她还没有出生时，战争的火热气氛，就如同霍乱一般感染了整个德国，为了不让她幼小、单纯的心灵受到伤害，她的亲人、她的朋友、她身边所有善良、可爱的人们，尽自己的最大努力为她营造了一个和平、稳定、充满了爱的假象。尽管整个欧洲、整个世界都处在剑拔弩张、水深火热地杀戮之中，但因为身边这些满满的爱，娃娃并没有感觉到外面世界的伤害，在这个为她，也因为她而温馨安宁的世界里，娃娃是幸福的，身边的所有人也因为这个小姑娘的存在，感受到了世界的美好，感受到娃娃对他们的信赖、真诚和发自内心的回馈，所以他们也同样是幸福的！

疯狂肆虐的战争并没有放过这一小片远离了硝烟的净土。随着世界格局的改变，以希特勒为代表的纳粹集团在欧洲战场节节败退，法西斯势力所控制的区域在一天天减少。到1943年，反法西斯同盟军逐渐地把战线推进了德国的纵深地区，这一切不但没有唤醒这一个个战争狂人对战争的反思和忏悔，却让他们愈发的疯狂、暴戾，他们非但不承认已成定局的失败命运，反而加大了对战争的投入、准备，把整个德国变为最后的战场，垂死挣扎，妄图拖延甚至改变失败的命运。

1943年7月25日，为了彻底摧毁法西斯势力的抵抗决心，更为了早日结束战争，同盟军对德国第二大城市汉堡发动了大规模的空袭，考虑到汉堡是德国重要的工业城市，并且还拥有德国境内最大的港口和众多的军事工业基地，同盟军的空袭密度、空袭范围都达到了一个前所未有的程度。随着防空警报的响起，汉堡的市民们四散奔逃，努力为自己寻求一个安全的避难场所。在空袭中，大量的工厂、房屋、大楼及其他建筑设施在瞬间化为焦土，大街上密密麻麻布满了弹坑和那些没能躲开炸弹的尸体，整个城市都被大火所吞噬，汉堡，这个昔日德国的繁华与骄傲，成为人间真实的地狱之所。

那些善良的人们自身尚且难保，他们努力为娃娃所制造的平静与安宁，在这一刻终于土崩瓦解，战争的真实和残酷，赤裸裸地呈现在一个七岁小女孩的眼中。

娃娃的家在空袭中荡然无存，因为前线吃紧，娃娃的父亲再也不能用自己的残疾，和他为德国所做的贡献作为留在后方的借口，他被征召去了战争最为残酷的苏联战线，并且在之后失去联系很长时间。随着战事的进一步加剧，他们一家人不断地在德国、波兰来回转移，以躲避兵锋战火。在一次逃亡中，娃娃和她的姐姐不幸和母亲分离，并且无法联络任何亲人，为了找回亲人，转移到相对安全一些的区域，娃娃的姐姐艾薇带着娃娃，穿过战火、穿过凶险、穿过死亡最终终于找回了她们的亲人。这一路上，艾薇忍受着饥饿、磨难、屈辱，保护着娃娃，她不仅救了自己和妹妹的性命，还用爱温暖着娃娃的心，尽管这一路上她见证了战争的残酷和死亡，甚至还失去了一个女孩子一生最宝贵的贞洁，但却用自己伟大的爱，让妹妹相信，爱，从不曾消失。

整个故事的叙述视角是娃娃这个小女孩，透过她天真无邪的眼睛去观察战争的残酷，在一定程度上，淡化了战争的凶险，但正是因为看见这一切的，是这样一个小女孩，一个比无辜者更加无辜的形象，致使每一个阅读者的同理心受到极大的刺痛，更加深了现在身处和平世界中的我们，对于战争的憎恶和痛恨。可能大家更为熟悉的，类似于《宝贝，别哭》的，是另外一部影响力更加深远的《安妮日记》，同样在描写二战，同样是一个小姑娘的视角，同样都是战争的受害者，也同样在其中运用了日记这种记录方式，所不同的是，她们一个是被侵略国家，一个是侵略国家，但正因为如此，这两部作品，更为真实残酷地告诉我们，战争这种非理性、反人道、反社会的人类活动，是完全没有道义可言的，人性，这种让我们区别于动物的伟大思想力量，并不存在于战争。

当这一对可怜的姐妹，突然面临和家庭失散的命运时，她们甚至没有时间去哭泣悲伤，她们必须建立信心、鼓起勇气，去寻找回家的路。这一路上，她们所看见的一切，和听闻的讯息，以及那一具具真实的死难者遗体，告诉她们一个残酷的事实，如果不能冲破重重阻碍，踏上回家的路，等待她们的，将是更加悲惨的结局，但同时她们也明白，这一条回家的路，同样也充满了不可预知的危险，战争，从来就没有做到让女人、孩子走开！

作为姐姐的艾薇难道不知道，在当时的德国，这一路上她们不仅要忍受寒冷和饥饿，还必须面对无处不在的难民、强盗、罪犯、侵略者以及更多可能会让她们丢掉性命的危险吗？不！艾薇是很清楚的，就像书中说的，娃娃在以后看到姐姐日记上的一句话，因为走得匆忙，艾薇来不及去邮局提取剩下的存款，于是，她在存款处预留了一张便条：重要信息"一旦我不幸离开，这笔钱将全部归芭比（娃娃）所有。"其实，刚刚十九岁的她，对于这条未知的行程也是相当担忧的，但她必须保持镇定，因为她明白，自己就是妹妹绝对的主心骨。

战争使很多人丧失了人性，却并没有完全剥夺深埋于每个人内心的真诚和善良，在很多时候，这一对小姐妹得到了太多无私的帮助和照顾，一些德国士兵在条件许可的情况下给她们搭顺风车、为她们带路、保护她们的安全、给她们提供食物。其中有这么一个场景，让人十分感动，在一个小镇子里，尽管战火即将蔓延到这里，飞机的轰炸日日不断，但收留她们的面包师傅仍旧坚持烹制新鲜的面包，在他的观念里，不管战争进行到什么程度，人们都必须吃面包，都必须继续生活，所以制作面包对于他而言，是一种对生活的信心和希望。我想，从这样一个底层的德国人民身上，我们是能够理解一些德国人的民族精神的，正是这样对于生活的希望态度，才让二战后一片废墟的德国，在短短几十年中，不仅还清了战争赔款，实现了经济的腾飞，还让他们在如今的欧洲，乃至整个世界中都是中流砥柱一般的存在。

从书中我们可以明显感受到，战争进行到这个程度，太多的德国士兵已经对战争表现出强烈的厌恶情绪了，一路上，这一对姐妹遭遇过很多德国士兵，他们除了尽力为这对可怜而又勇敢的姐妹提供帮助之外，还热情地向她们诉说自己的家庭、自己的妻子、自己的儿女，甚至在战地医院的时候，一个年轻的军人还对艾薇产生了朦胧的爱意，因为职责和对国家盲目的忠诚，让他们并没有自主选择的可能，但在内心深处，这些看似坚强的士兵们，早就对那些所谓"战斗到底，忠于元首，不怕牺牲"的口号产生了巨大的怀疑。

不仅仅是德国士兵，战争进行到这个程度，同盟国的军队也感觉十分疲惫。尽管胜利的曙光已经依稀可见，但对亲人的思念、对生存的渴望在某些时候比胜利本身更加重要。固然敌人十分凶残，特别是那些被洗脑的党卫军们，在他们的意识里，只有对元首的绝对服从，但他们自己也很清楚，失败是无法避免的，可还是愚蠢地执行着上级的命令，因此，战争依旧十分激烈，道路上遍布了双方还没来得及处理的尸骸。

在某一个山谷，艾薇一行不小心遭遇了英美士兵，让她们感到意外的是，这些大兵并没有像宣传的那样粗鲁残暴，反而很友善地对待她们，礼貌地和她们交谈，并且提供了食物，在这一刻，不论是已经成年懂得一些道理的艾薇，还是幼小的娃娃，都在怀疑这场战争对于德国到底有什么意义！

文中有一个章节提到了纳粹青年团的团员们，他们的年纪大多不过十五六岁，是一群实实在在的孩子，但因为德国在战争后期兵员紧缺，不得不把他们也派上了战场，他们有些人的父亲可能还在前线作战，有些可能已经失去了自己的亲人，但战争并没有放过他们，在纳粹政府的紧急动员下，他们经过简单的训练就拿起枪支来到了战场，经受这一辈子都不可能再重演的考验。当美国军队俘虏了他们时，惊讶于他们稚嫩的外表、年轻的模样，在询问了他们的年纪后，竟然出人意料地用德语对他们说："把那些制服丢了，然后回家吧！孩子们，回到你们母亲身边去。"这名军人认为，这些孩子是不应该被作为俘虏的，这对他们是不公平的。很幸运，这些年轻的小伙子能得到来自于他们敌人的宽恕，和那些为了所谓荣誉白白丢弃生命的无数青年人相比，真是不幸中的万幸，但战争留给他们的伤痛记忆，可能终其一生，都无法抹平。

在这对姐妹找到家人后不久，德国宣布无条件投降，整个德国通过战争协议被划分成了东德西德，这对小姐妹是幸运的，因为她们曾经经过的区域，处于分隔线之外，如果不能及时回来，将和家人整整分离28年。

是的，娃娃是幸运的，因为这一路上无数对她们提供关心和帮助的人们，更因为她拥有一个如此爱她的姐姐。艾薇在路上看见尸体时，很小心地遮挡住娃娃的眼睛，遇到突发情况，也极力想办法带着妹妹脱离险境。甚至在自己被一帮流民强奸时，她第一个想到的仍旧是妹妹，希望她不会受到伤害，因为她的保护，战争在娃娃身上并没有留下太过严重的伤痛。

但对于那些战争中的牺牲者呢？那9000多万个生命，他们甚至连诉说的权利都没有。还有那些失去了亲人的受害者，直到死亡，都无法抚平内心的伤痛。我们相信，世界上大多数的人，还是热爱和平、珍惜和平的，比如这部作品，比如太多战争的亲历者对战争的忏悔和祈祷，正是因为他们，我们对这个世界是始终充满了希望的。但反观日本，篡改教科书、否定历史、毁灭证据、歌颂战争狂人，难道世界上还有比这更无耻的行为吗？这一件件让人无可置信的"现代化人文性的暴力事件"竟然就发生在日本身上？这样可耻可憎的行为竟然出现在一个个日本社会里所谓的精英人士身上！这对他们曾经侵略过的所有国家是一种莫大的伤害，这对日本国内所有内心善良的人们更是无法容忍的！

历史总是存在太多惊人的相似，在中国古代，所有繁华的盛世局面，几乎都是诞生于激烈的战争之后。比如汉代的文景之治，就是经历了七国之乱；明代的永乐盛世，也是发生在燕王朱棣击败朱允炆夺取天下之后；而清朝的康乾盛世，更是在扬州十日、嘉定三屠这些可怕的战争屠杀之后，才出现的。

或许这些相似之处并不难解释，统治者在亲历战争之后，对战争进行了更深层次的总结反思，深刻地认识到战争巨大的负面影响，于是尽心尽力维持社会稳定，休养生息、发展生产，以此来平复战争对人民和土地的伤害。

也正是因为他们对战争正确、积极的认知态度，才换来了国家的稳定和繁荣。而反观那些过分依赖用征服和屠杀来换取胜利的民族，最终都不得不放弃了曾经野蛮掠夺的战争成果。像是中国古代的元朝，历史上的海上霸主荷兰以及它的后继者英国，虽然短暂的拥有大量的土地和人民。但时间告诉他们，用鲜血和刀兵换来的只能是短暂而虚妄的胜利，和平与发展才是一个时代所必须把握的永恒主题。

最后我想用习近平主席在国庆大阅兵上的讲话作为这篇文字的总结——

"相互尊重、平等相处、和平发展、共同繁荣，才是人间正道！"

是啊，虽然"人间正道是沧桑"，但只有秉持人间正道的国家和民族，才是一个有爱的民族，才是一个负责任的、充满了希望的民族！

第六章

我们还能孩子气多久

我们还能孩子气多久

有次外出散步，来到一个罕有人迹的小区门口，意外地见到一个蹦蹦床，可能是由于商家的疏忽，或者是因为偷懒没有及时运走，在路灯的照耀下，这个蹦蹦床显得分外梦幻、神奇。

看着离我不远的这个蹦蹦床，我内心最柔软的一个地方突然被触动了。尽管我知道未经允许就过去不太好，但还是无法抑制地发出一声尖叫爬了上去，四下打探一番，确认没有其他人在这里后，我开心地大喊大叫，把自己的身子蹦得老高。当我被弹到半空，过了那么一小会儿才落下时，我相信，这样的快乐是我丢失了很久，都已经快要被遗忘了的，我更相信，这样的幸福是我真正想要的。

突然，有几个偶尔路过的行人走了过来，他们惊讶于此时的我，对我指指点点，并且议论纷纷。我本不想在意，可还是不自觉地降低了弹跳的高度，惊呼的声音也越来越小，等他们走后，我再想象原来那样大呼小叫时，却发现感受到的快乐不如开始一样了，目光也不自觉地往几个路口瞟，这样的状态自然是玩不好的，没过多久，我就离开了。

第二天，第三天，我反复地想，我惊呼、欢笑又有什么错，我为什么那么在意别人的目光？难道他们看着、议论着、指点着，甚至是在嘲讽着，我就不能若无其事、不管不顾地开心了吗？难道我的人生是建立在这些陌生人的世界里吗？

不！不是！

想明白这点后，那天晚上，我又来到了那一天我找到蹦蹦床的地方，可是原来的位置只剩下少许胡乱摆放的垃圾，那个带给我意外欢笑的乐园早已不知所踪。

我在那儿呆了很久，刺眼的灯光下，只有我孤独的背影，和那一大块被照耀的一片亮白的空地。

有些快乐，是不会为你等待的，当你拥有时不懂得珍惜，离开的时候，甚至都不会给你完整的告别。

我不知道什么时候，我们失去了作为孩子的资格，年少时，我们最受用的表扬，就是夸我们长大了、懂事了、成熟了，可当有一天，我们被比我们更小的孩子叫做叔叔阿姨时，却会突然的一阵惊慌，时间怎么那么快，我们还没有做够孩子，就已经突然长大了。看着那些更小的孩子，在渴望着长大，在渴望着能像我们一样，不再被称为孩子时，我们突然感到一阵莫名的忧伤，孩子，享受现在的时光吧，有一天，你会无比怀念、无比珍惜的！

长大以后，我们学会了礼貌，懂得了人情礼节。我们不可以大声笑、不能够放肆地哭、我们做事要注意分寸、我们想问题要瞻前顾后，当我们把这一切认认真真地执行时，这是理所应当做到的，可一旦出了差错，总会有一句当头棒喝迎面袭来，你当你三岁啊，做事还那么毛毛糙糙的！

有时候我们真的想自己就是三岁，就像那首歌唱的一样《不想长大》："我不想，我不想，不想长大，长大后，世界就，没童话。"

可我们还是不知不觉地长大了，我们会失去很多，也会得到很多，我们会有自己的孩子，会看着自己的生命在用另一种状态延续。

不知道那时候的你是否还记得，曾经的你为了得到一个玩具、一串糖葫芦、一次游乐园，对爸爸妈妈期待的眼神；曾经的你为了一份肯定、一份赞许、一份表扬，而努力做了很多，虽然并没有把事情做好；曾经的你想证明自己的长大，而做出的很多荒唐可笑的举措。

这些你还记得吗？还是你全都忘了，依然用着自己当年最为排斥的教育来对待孩子，依然我行我素地把自己的想法强加在孩子的身上，依然剥夺了孩子们作为孩子的权利。

曾经的你们也是孩子，可长大后，我们却成了最不懂孩子的人。

天意眷顾，我们终有一天会各得其所

——再阅《山羊不吃天堂草》

你不懂我，我不怪你

今天早晨，我被几声急促的电话铃声吵醒，挣扎中找到了手机，屏幕上显示是我妈，我极不情愿地接通了电话。

"我的钱是不是你拿的？"我还没说话，就硬生生地被她这个问题噎住了，一时间，我有些发愣，没明白到底出了什么事情。

"什么？"

"我抽屉里的钱没了，是不是你拿去用的？"

一瞬间，我有些光火，确实小时候我偶尔会偷些家里的钱去打游戏机，但我都这么大了，你现在竟然还怀疑我偷拿家里的钱。

一股无名的怒火一点点地在往我脑袋上窜！

过了很久，也可能只有几秒钟的时间，我听不太清话筒里的声音，恍恍惚惚了一会儿，我忍住了心中的悲愤、难过、不解。

"你想什么呢，要是你放个十万八万的，我还有兴趣拿去花花，那一点点钱，都不值得我去偷的！"我故作轻松地回应了这个问题。

随后，我止住了母亲喋喋不休的唠叨，按下了电话。

昨天晚上睡得并不踏实，突然被吵醒，脑袋炸开一样的疼，我翻了个身子想继续睡，但母亲开始的这一句"我的钱是不是你拿的"一直在耳边回荡，越想越不舒服，越想心里就越难过，折磨得我根本没有办法继续入眠，我睁开眼睛，盯着天花板，静静地想着这件事情。

往好处想，母亲完全是无意的，从她的角度来看这个问题，家里一笔钱突然不见了，心里自然十分着急，想当然的，如果确定是被我拿了，就排除了家里遭贼的可能性，自然心安理得不少，况且小时候我顽劣成性，有前科，自然就成了怀疑对象，被一个电话追问，也是无可厚非的事情。

可母亲没有考虑周全的，是我的感受。我是个成年人，有独立的思考和判断，尽管怀疑得有理有据，但仍旧是对我心灵巨大的伤害。

你为什么首先想到的是我？

你想到我的同时，是不是顺带就翻动了我的私人物品，搜查一番了？

是不是最后并没有什么结果，但仍旧不放心，还是追了个电话？

这样对我的怀疑，你认为公平吗？

这一连串的问题在我的脑袋里晃荡盘旋，引发了我更为强烈的不安和忧虑，也让我异常脆弱的自尊心在此刻越发不堪一击。

好在我成年了，好在我现在还能作出反驳，好在此时的我，学会了瞻前顾后，独立思考，好在我还能理性地写下这些文字，既是倾诉，更是发泄，表达我的合理诉求。

如果是以前，我可能反应会更加强烈，如果是我很小的时候，这样伤害的种子可能会种的更深，如果，还好没有如果。中午时候，母亲打电话说起其他的事情，我装作无心其实有意地追问了一句这件事情，母亲不大深究了，反而宽慰了我几句，可能是找到一些线索和眉目，也可能她仔细推敲，这样的事情肯定与我无关。

但只有我自己最明白，这件事情不到水落石出，我心里终究还是有个结的，虽然你不懂我，虽然我不怪你，可我不怪的，仅仅是你，而不是你对我的"不懂"，对这个你从生到养历经了二十多年的孩子，你连无保留的信任都不能做到，这样的态度，还是让作为儿子的我万分失望的。

仔细想想，从小到大，我们所要经历的委屈不解，数不胜数，有些教会我们更好的成长，有些却成为无法抹去的隐疾，不知道什么时候会突然发作。

理解！尊重！信任！这人与人之间最基本，却又最难达成的美好情感，困扰着每一个社会和家庭，走向更加光明、美好的未来。

于是，我又翻开了《山羊不吃天堂草》，希望这本我翻阅多次，并且留下了我众多文字的作品，能继续给我抚慰，给我力量，给我答案。

明　子

少年时，我是读不出"明子"内心的真实感受的。

小说开始，交代了"明子"尿床的经历，这个时候的明子已经老大不小了，别说是在"穷人孩子早当家"的农村，就算是在城市里，这样的年纪，尿床都是一个极大的笑料。可这样的耻辱却是如此的鲜明，甚至是无法逃避的，和师兄一张床上的他，尽管被老实憨厚的师兄所理解包容，还极力为他遮掩，但内心的耻辱如同自己盖着的、潮湿且充斥了尿骚味的被子一样，赤裸、刺眼地暴露在空气中，让这个倔强、聪明、早熟的少年无地自容，恨不能找到一个地缝钻进去。当他那吝啬、霸道的师傅"三和尚"，凑着鼻子在空气中打量，并且用嘲讽、怀疑的语气丢下了两句话时，明子的耻辱感在这一刻达到了顶峰，却又对这一切无可奈何，正如同他们从始至终都没有办法脱去所谓农村人的外衣，成功的融入这个城市一样，师徒三人，尤其是明子，从踏上城市的那一刻起，就从没有真正的昂起过自己的头颅。

为了能找回被别人，更是被自己践踏在地上的自尊心，"明子"一直在运用着自己有限的智慧和现实进行着抗争，尽管这抗争有时是那么的脆弱甚至是无能为力。可为了能真正实现和周围人平等生活的权利，"明子"从没选择和这个世界妥协，他用工作证明自身价值的存在，他用劳动挽救着那个指望着他的风雨飘摇的家庭，他用善良温暖着这个世界，尽管物质贫困，却从没有放弃自己内心的神圣道德。

他劝阻自己的师兄"黑罐"不要沉迷于赌博；他鼓励并且帮助城市女孩"紫薇"走出人生的困境，微笑地面对生活；他和年龄相仿的"鸭子"建立了纯真、美好的友谊；为了帮助安徽大别山的小木匠，让他能留在这个好不容易才来到的城市，他让出自己万分辛苦才等到的活计，独自面对师傅"三和尚"可能地斥责。

或许生活在城市中的我们，很难理解这些因为简单物质基础而建立

信中书 ——

我们还能孩子气多久

起的友谊，但当你真正去接触贫穷时，你就会明白，一个馒头、一份工作、一点钱，对于这些迫于生计而背井离乡、奔走江湖的人们而言是需要多大的决心才能给予，在这些物质付出的背后，是他们对于生活不屈不挠地抗争态度，和一颗始终骄傲且高贵的心。

大学二年级时，我有过一次夜间工作经历，去镇江的一家商场搬运舞台器械，为了不影响商场正常营业，我们的行程安排是下午五点钟在南京集中，晚上七点被送到镇江，十点半后开始工作，由于中间有大段的时间空白，年纪相仿的一车人，又都是男生，不多会儿就开始唧唧喳喳地聊起来了。

最开始的话题自然是地理分布，江苏的、山东的、河北的、安徽的，没曾想，七八个人竟然还出现了老乡见老乡的场面，于是这两人刨根问底、寻经问典，让我们知道了不少他们那个城市的风土人情、地理风物。话题逐渐地过渡到大家是怎么知道这次活动的，又为什么出来挣这趟辛苦钱，有充游戏币的、有泡妞的、有买球鞋、有出来实践锻炼的，五花八门各不相同，于是乎，荤段子、游戏装备、演唱会门票等等属于这个年龄的众多话题被一一引出，一车人显得很是热热闹闹，但唯独有一个从头至尾都在那睡觉，对我们的话题不理不睬，看起来不太合群，偶尔醒来，也只是迷糊的听我们在说，却从不表达自己的意见。

因为时间周期比较长，组织者就近找了个小餐馆，按照每人三十的餐饮标准，点了几道下饭的大菜，大家都是学生，认识时间又不长，彼此之间还是比较拘谨的，盛饭夹菜显得客客气气，但那个一直半睡半醒的哥们在此时却像是睡狮初醒，小碗里的米饭堆得直冒尖，两块大肉搭着一点素菜往碗里使劲一按，就大口扒拉起来。最开始，大家被他的举动搞的愣住了，随后纷纷效仿，毕竟谦虚到最后，委屈的是自己的肚子，真是人多力量大，一大桌菜不一会儿所剩无几，大家还有些意犹未尽，组织者没办法，又加了几道菜，虽然嘴上客气说好好干活，不在乎这点钱，但大家都心知肚明，花的是他的钱，怎么可能不心疼呢，因为是那哥们儿带的头，大家吃得都很是心安理得。

过了十点，商场后门打开，一大帮人涌了进去，在组织者的指挥下，各司其职，最开始一小时，大家干得都大差不离，但一过了十二点，一个个就开始哈气连天了，这时候开始搬运大件的钢铁构架了，一个怕是要百十来斤，商场的地面又太过于平滑，为了防止出现意外，我们被两两分组，我和那个"与众不同"的哥们儿搭伴。

因为精神实在疲惫，所以大家都有话没话地聊着天，我也试着和我的搭档进行交流。最开始，他只简单的答应一声，但经不住我反复纠缠，他的话匣子终于打开了，乡音浓重，质朴憨实。这个时候，我才知道，他叫孙可，初中没念完就出来了，这种活计他不是第一次干了，类似像这样零零散散的工作他这么些年经常做，但不是每天都能接到活。我有些奇怪，问他为什么不找一份长期稳定的工作，追问了好久，他才腼腆地回答我，他到现在都没满十八岁，出于安全和法律方面的问题考虑，很多地方都不接纳他，没办法，才选择四处找零工的。

我有些震惊，对面的这个人，又黑又壮，虽然比我矮了一大截，看起来却比我沧桑很多，而他竟然比我还要小？像是察觉到我的不信，在中间休息时，他拿出了身份证，上面清晰显示，还要等上两个月，他才成年。

那份工作一共做了两个晚上，我拿到了三百元报酬，也结识了孙可这个好朋友，在干活时，他会找上我，并且主动承担更为危险、艰难的那部分活计，可能是他熟能生巧，也有可能是为了在我面前表现他的能力，我们这个组的工作总是完成得又快又漂亮，而其中的大部分功劳自然是因为孙可。

活动的组织者也发现了孙可的出彩和干练，第二次他有事外出，就让孙可代为管理我们，孙可的调度布置非常娴熟，再加上他身先士卒、不辞辛苦，很快就获得了大家的尊重，但因为我是最先和他结识的，并且和他相处时间最长，他依然还是选择和我一起干活，并且处处照应着我。

中间休息的时候，他下意识摸出来烟，刚刚点上，突然想起我对烟草味道十分敏感，又小心翼翼地摁灭，把烟塞回了烟盒。在他的一再坚持下，去便利店买水时，是他出的钱，这些场景至今想起来，仍旧让人十分感动。

嗷，对了，最后结算时，他领到了四百的工资，比我们多一百，大家心服口服，他的劳动配得上这样的报酬。

许多年后，我突然明白了开始时，他为什么不说话，面对我们这一群大学生，他是有些自卑的，我们所谈论的，他并不了解，我们讨论的话题，他也插不进去，而且在一堆半生不熟的普通话里，他那浓重的乡音很是滑稽有趣。所以，为了维护自己宝贵的尊严，不成为大家的笑料，他宁愿一言不发。

后来，我们断断续续地联系过几次，再后来，因为号码的更换，我失去了他的消息。

读着《山羊不吃天堂草》时，我仿佛从中看到一点点他的影子，他就好像长大了几岁的明子，仍旧顽强地在这个城市里坚持，捍卫着属于自己生存的尊严。

我但愿他能够成功，但愿时间没有抹去他身上淳朴、善良的本质，但愿他真正融入这个城市，但愿这个城市真正接纳了他。

想起他时，最清晰的画面，就是他拦下我，去马路对面买水的场景，那时的他，脊背挺得笔直，脚步也欢快很多，整个人都是骄傲、欣喜、满足的，为了我这个朋友，为了自己能够为朋友做些什么，更为了他内心的自尊自信。

那群不愿吃天堂草的山羊

我的大学是在一所艺术类院校就读的，因为种种原因，我们的学费和生活开支，比一般院校昂贵很多，所以在我周围的同学，极少存在那种所谓的穷人。

大学四年，我结交的最好的一个朋友叫小B，平心而论他的家庭条件绝对是"比上不足比下有余"。但是在他下面的人应该是占多数的，他拥有一个强势、关爱着他的父亲，大学四年，他的大部分物质要求都能够得到满足，甚至一些在我看来，并不合理的投资行为，也能得到他父亲的大力支持，但我很清楚，他并不幸福，尽管他从父亲那里得到了物质上的支持，但他所渴望的，理解、尊重、欣赏，他的父亲并没有给予他，毕业那天，他喝了很少的酒，却哭得痛彻心扉，这是我第一次见他哭成这样，但我理解他，他做了无数的努力，希望能够得到家庭的认可，可却因为两代人心理观念上的代沟，始终没能被父亲所欣赏理解。

我印象比较深的一次，是他在新生入学时，批发了一些生活用品贩卖。因为新生们不大熟悉城市的商业聚集点，每个学校每年都会出现这样的一些临时摊贩，因为在这个城市生活多年，再加上资金比较充足，他很快就打点好一切，准备开张大吉了。

那一次，我也是他的伙计，他的一切我都看在了眼里，他真的很努力。盛夏的日子里，顶着大太阳在自由市场里，一家家地跑着，平日里花钱大手大脚，可在这个时候却表现得如此斤斤计较，为了一点点蝇头小利，和那些牙尖嘴利的商贩唇枪舌剑，锱铢必争，把货物谈妥采购好，又马不停蹄地转运回学校，选好地方，铺货摆摊。

晚上的时候，要留人看摊，开始的时候，我们认为这没什么大不了的，几个人都在那陪着他，可只坐了一会儿，大家就都不太自在了，虽然晚上气温降了不少，可还是十分闷热，苍蝇蚊子飞来飞去，时不时来个突然袭击，裸露在外面的皮肤，很快就千疮百孔，瘙痒不堪。我们轮换着回去休息，只有他仍旧坚守在这儿，困意上来的，稍微眯一会眼，或者抽根烟醒醒神，但目光从未离开身后的那一堆货物。

那个晚上，他和我说起过他的父亲，从小时候，他对父亲的仰望和骄傲，到大了一点时，渴望得到他的表扬和肯定，到这一次，父亲给了他钱和车子，让他放手去干。说到这儿时，我从他目光里读到一种闪闪发亮的东西，我明白，他对这次的商业活动寄予了很大的希望，他希望能用这一次的成功，得到父亲的肯定。

那一夜，他休息得并不好，可整个身体里，却充满了燃烧的力量。

第二天，他像打了鸡血一样，热情礼貌地向每一个经过的家长学生推销自己的货物，可不知道是地点选的不太好，还是进的东西针对性不强，一上午的时间，并没有卖掉多少。

下午的时候，他调整了营销方式，一面堵在学校门口，带路提行李，把家长们往自己的摊点引导，另一面直接杀到了新生宿舍，软磨硬泡、倚老卖老，向新生推销自己的货物，那是一个绝对的疯子，大学四年，我第一次见到他为了钱，待人接物如此谦恭卑微。天道酬勤，这一天下来，他总算是取得了一定的成绩。

三天的时间，他没睡过一天好觉，晒黑了，也变瘦了，人也憔悴了，结束的时候，他刚刚打点完，就跑回宿舍床上，闷头就睡，直到被咕咕乱叫的肚子活活饿醒。

结算收益时，大概是赚了千把块钱，刨去油费、人工，并没有剩下多少，但他这股子拼劲，这种吃苦耐劳的精神，着实令人钦佩。

我不知道他的父亲是怎么看待他这次"创业"行为的，可能不屑一顾吧，毕竟这一点点的收益太微不足道了，从他的角度来看，实在是小打小闹。但我知道，他很希望父亲能认真的和他聊聊，给他点建议，给他些鼓励，更是给年轻的他，一点信心。

可这位父亲忽略了孩子的心理需求，并没有做到及时的沟通理解，我知道，如果他能静下心来听听孩子的想法，如果他能问一问孩子到底想要的是什么，可能会对我的朋友产生更加深远、更加积极有效的影响。

记得有一次，朋友因为处理一件事情，得当干练、准确有效，而受到家庭成员的一致赞赏，他的父亲也对此颇为骄傲。他说起这些的时候，流露出过去从未有过的得意表情，那一刻，我明白，他多么希望能够得到父亲的承认。

在那之后，小B尝试了很多类似的商业活动，有些做的不错，有些半途而废，但对于一个大学生来说，他的生活已经足够算是精彩了。

毕业之后，小B的愿望是能够跟着父亲做做生意，打拼出一片属于自己的天下。可他的父亲，考量了自己几十年的辛酸奋斗，回望了这一路上的摸爬滚打，认为自己的孩子并不适合继续走下去，反而强迫他必须考录公务员，走一条更为稳定、扎实的路线。

可小B并不喜欢父亲对他的安排，尽管他很清楚，父亲的努力和铺垫，让他可以比同龄人少走很多弯路，少吃很多的苦头，可这些并不是他的选择，他也很清楚，做生意的不易和艰辛，但最少，他心甘情愿为自己的梦想，去认真的试一试！

可他的父亲并没有耐心听一听他的诉求，在他的概念里，孩子还只是自己印象中的孩子，老实按照自己的安排走，就绝对没错，可他没想到的是，曾经的孩子，现在已经长大！

可悲的父母们总是把他们认为最好的给我们，却从没问过我们这是不是我们真正想要的，当我们对此表达自己的反抗态度时，却被他们斥责为不懂得感恩，不理解他们的良苦用心，我们活生生地被所谓的"亲情道德"绑架，成为家长们意志延生的牺牲品。

值得庆幸的是，小B从没有放弃过自己的挣扎和反抗，他用着自己的方式，极力争取着梦想，尽管这条路很难，尽管这样的举动，和父亲对他的安排背道而驰，但我知道，他一直是我印象中，那个打了鸡血的少年，梦想和事业就算再渺小，奋斗和努力就算再可笑，也必须得到应有的尊重和鼓励！

如同那些饥饿的山羊，面对一片长得高贵诱人的"天堂草"，始终不肯进食，在夕阳下，它们的身影被染上了一层淡淡的金黄，如此绚烂，又如此高傲！

心存梦想的人永远值得骄傲，他们是一个家庭、一个城市、一个国家最年轻的希望，为了心中的梦想，更为了因梦想而从未放弃过的骄傲，他们步履蹒跚、披星戴月，却在大地上留下了自己最清晰地足迹！

黑　罐

我曾经可怜过小说中的"黑罐"，也可能，我可怜的更是我自己。

从头至尾，黑罐都是一个配角，沉默寡言，遇事盲从、木讷呆滞，没有自己的主见，一如过去的我，卑微、畏缩，好在从没有放弃过自己的善良。

小的时候，我爱慕虚荣、害怕被孤立，周围的人买到了好看的贴画、新奇的玩具，回到家我就缠着爸爸妈妈赶紧给我买；小伙伴们换了最新的游戏机，我也羡慕得不行，父母没同意，就去找爷爷奶奶要；班级里面的人都在玩某一款电脑游戏了，自己也跟风去玩，尽管并没有从游戏中得到所谓的满足感，但为了第二天能和大家有话可聊，硬着头皮在玩；过些日子，这个游戏不再受到追捧了，又随大流地跟着他们去下载了另一款游戏。

对了，小的时候，我有多次偷盗经历，好在都是从我爸裤子里偷得，纯属家贼，没有产生什么社会危害，但我的偷，更多的是因为玩耍和虚荣，比之黑罐的偷盗，因为家庭和生存所迫，显得更为不堪，所以每次读到黑罐偷盗时的紧张不安、迟疑张惶，我特别的感同身受、身临其境。

长大后，我一如黑罐，背井离乡，为了生存更为了梦想。偶尔，我也会如他一般，成为一个生活的赌徒，押上自己的全部赌注，所不同的是我们想要追求的东西并不一样。

可能我会如他一般，犯点小错，走点弯路，突然间迷失了方向，不知道未来将何去何从，但我的心会给我答案，我人生的"指南针"会告诉我，那从没丢失过的方向！

在我们的身边，存在太多的"黑罐"，如这个名字一般，普通卑微，在陌生熟悉的城市里打拼，重要的是我们在罐子中到底装下了什么？我们是否还保留了那一片初心？这颗心还一如既往的善良、坚持、真诚吗？

天意眷顾，我们终将各得其所

三个小说中的人物，三段我亲身经历的故事，三种各不相同却又殊途同归的人生。

人生很长，我们偶尔会迷路，人生很短，很多事情再不及时去做，到最后只会追悔莫及。可能很多年后，回顾前尘，一切显得那么微不足道，但对于现在的我们，母亲对我的信任、伙伴对孙可的尊重、父亲对小B的肯定，是如此的重要！

是，很多事情时间会给我们答案，但时间也需要过程，也需要我们点滴汗水的浇灌，也需要我们的成长来证明，更需要我们对自己内心的坚持和守望。

我相信我们会给自己一个答案，用我们的真诚、用我们的坚持、用我们的善良。

　　是的，我们一定要对得起自己的初心，我们一定会得到自己想要的，我们会成为梦想最终的胜利者，正像不久前王峰老师的新书一样，他用他全部的经历和人生兑现了他对于梦想的坚持和执著，所以天意眷顾，我们终有一天会各得其所！

信中书——

我们还能孩子气多久

不可思议的想象力

——凡尔纳《海底两万里》

公元十四世纪末期，在中国的明代，有一个叫万户的科学发明家在凳子上绑了47个自制火箭，妄图以此飞向太空，随着"嘭"的一声巨响，万户成为世界历史上为航天牺牲的第一人。

公元1600年2月17日凌晨，为了捍卫自己一直所坚持的新宇宙观，意大利自然科学家布鲁诺被宗教裁判所判为"异端"罪活活烧死在罗马鲜花广场。但是随着科学的发展，我们对于天体科学认识进一步加深，当年布鲁诺所坚持的真理也是漏洞重重。

1752年，在美国有个叫本杰明·富兰克林的，计划利用风筝作为载体从天上引下雷电。现代科学证明，一旦他试验成功，美国就将损失一位伟大的发明家、政治家。

在人类的历史的进程中，最大的贡献者大多是一群疯子，他们用无畏对抗未知，把生命献身于对未知世界的探索，才换来了我们今天所拥有的生活。

可能就是由于他们的疯狂与执著，所以才能把更多的心思和注意力集中在他们所研究的领域，创造出远超于常人的科学艺术成果，比如作为画家的凡·高、莫奈，比如说作为书画家的徐渭，比如说中国近代的诗人海子、顾城，再比如说我在上文所列举的那几位。从人的角度来看，这些人多少都有点精神不正常，但是在他们所投身的领域中，他们都是具有划时代意义的。

人类文明的进步需要这群疯子，科学技术的精研与发展更需要这群疯子，正是由于他们的大胆想象、努力探索、不懈追求，那些原本绝无可能出现的事物，才会真实地存在于我们的生活，对人类的未来产生巨大的影响。

1869年，一篇叫做《海底两万里》的科幻小说开始在《杂志》上连载，这在当时引起了巨大的轰动。这本书的作者凡尔纳首次在书中提到了一种可以在水下长时间航行的机器，它的性能、作用、使用方法非常类似于现代潜艇，可是真正意义上的潜艇直到小说面世25年之后才出现。换句话说，凡尔纳所描述的潜艇，仅仅是他个人想象力的产物，可是他却在书中详细地交代了这种水下航行器的制作过程、制作方法以及动力能源，这种极具科学探索精神的想象力，不仅为读者创造了一个神奇魔幻的海底世界，还启发了后来人对于潜艇的制作和改良。

在那个时代，我们人类的科学水平到底处于一个什么样的位置呢？

先看看我们最熟悉的中国，那个时候中国人到底在忙些什么？

1862年，京师同文馆成立，虽然受到种种外部因素的影响，但第一批被选拔出的年轻人，总算开始接受先进的近代化教育，被国人冷落了数千年，甚至被视之为奇技淫巧的科学，逐步开始进入课堂，为第一批民族先觉者所接受。

1867年，随着太平天国运动的失败，国内的政治秩序、经济秩序得到一个难得的平衡稳定期。中国民族资产阶级产生，一批使用简陋机器的工厂，零星分布于神州大地的各个角落，虽是夹缝求生，却展现出强大的生命力。同年，晚清政府迫于财政压力和国际形势，开始进行洋务运动，虽然有些亡羊补牢的味道，却仍旧取得了一定的成绩。

1867年，清政府奏议创立近代海军，以应付列强的不断滋扰，并提出了明确的口号"师夷长技以制夷"！

而反观世界其他国家。

1867年，巴黎世博会开幕，各种服饰家具、工矿产品、科技成果在这届世博会上展出，虽然这样的盛会在一定程度上，是法国君主拿破仑三世向各国君主展示国力、炫耀成绩的舞台，但不容置疑的是世界最先进的科技成果和工业成品都在世博会上得到了展示推广。

1869年，苏伊士运河建成通车。

虽说人类在这个时间，创造出众多伟大的科技成果，就连一向闭关锁国的大清朝，都开始制定政策，自强革新。但是面对占有地球总面积70%的海洋，人类还是有些束手无策，数千年来，海洋给予了人类无数的财富，人类利用人工和有限的辅助工具，从大海中获取日常生活、工业生产的一切资源，可面对喜怒无常、浩瀚无边的大海，就算在今天，都不敢有任何一个国家和组织能够声称可以掌控大海。

而在当时，别说是开发利用大海资源了，就算是对大海的认识，都是极其有限的，可是科学技术的不成熟，并不能束缚人类最伟大的想象力。在眼睛和仪器无法触及的空间里，人类的想象力捷足先登，向我们展示着大海深处的传奇。

在《海底两万里》中，凡尔纳所描述的海底世界，无疑是让那个时代所有人大开眼界。尼摩船长所制造的鹦鹉螺号潜艇的下潜原理，和现代潜艇的下潜原理几乎是完全一致的，但是在那个连电灯都没有的时代，凡尔纳通过有限的科学资料，就能做出如此大胆的推测，不得不让现在的我们大为惊叹。

在海底空间里，凡尔纳对海洋动植物、海底山脉、海洋地质这些内容做了翔实细致的介绍，并且介绍的范围跨越太平洋、印度洋、红海、地中海、大西洋以及南极和北冰洋，不论是涉及范围的广度，还是文字内容的深度，都是令人叹为观止的。

尤为难得的是，《海底两万里》超脱了一般科幻小说，仅仅对于科学领域的描述和探索，整本书也极具人文主义精神。在他的书中，他构筑出了一个超时代的科技产物潜艇，但却并没有利用潜艇在大海中为所欲为，他首次提出要合理利用海洋资源、维护海洋生态平衡，面对大海，人类不过是一个虔诚的祈祷者、一个卑微的索取者，绝不可能用一种征服者的姿态来对待大海。而面对大海中无数的宝藏，包括珍珠、沉船遗迹、海洋珍宝，他得到后，大多把这些用在资助殖民国家争取民族独立上，从这一点上来看，作者对那些饱受奴役的国家和人民，也是极具同情心的。

《海底两万里》所展示的海洋世界，既是神奇的也是自然的，既是荒诞的也是科学的。在凡尔纳的笔下，人类至少提前数十年，就对海洋深处有了初步的了解和认识。为了纪念凡尔纳的伟大成就，1954年，世界上第一艘实际运作服役的核动力潜艇被命名为"鹦鹉螺号"，以此表彰凡尔纳和他的《海底两万里》对人类海洋探索历程的伟大贡献。

很有意思的一点是，对于现代人而言，《海底两万里》中所描述的海洋世界我们早就见怪不怪了，我们甚至可以用更为精确的科学资料，比对该书中的描述是否正确，我们也很清楚，真实的海洋世界，是和书中所记录的，存在一定程度的差异。但这些并没有减弱该书的巨大魅力，反而推动了《海底两万里》成为人类文学史上的经典之作，在近些年反复再版。

2015年，世界殿堂级干邑品牌路易十三于洛杉矶举行了其荧幕原创《100 years》的全球揭幕，该影片汇集了全球最为强大的制作团队，但却宣称影片将在一百年之后才会上映。实话说，现在的我们根本无法预测一百年后，我们生活的这个地球到底会变成什么样，我们也无从推断，一百年后的人类是否还会对这部影片产生兴趣，我们甚至无法知晓，未来的人们将会用什么样的态度来观看这部影片，但我们清楚的是，这些艺术作品所能做到的就是表达人们对于科技进步的一种推测，激发更多的科学工作者，突破现实世界的桎梏，去完成更伟大的科学成就。

不知道为什么类似于《海底两万里》这样的作品，在现在的中国始终没能出现。在中国古代，我们是很具有想象力的，面对天空，我们有夸父追日、有嫦娥奔月、有雷震子、有天庭有南天门，有很多想象空间的产物。在大海，我们有精卫填海、有四海龙宫、有很多神仙鬼怪遍布其中。而在大陆上，我们创作出了山海经、九歌，这些极具浪漫主义情怀的神话作品。对于古代劳动人民而言，他们把自然中所有不可预知的事物都赋予了特定的神话色彩。在最开始，可能是迷信的成分占多数，但是随着科学探索的进一步加深，我们中国拥有了"四大发明"，拥有了《天工开物》，拥有了《梦溪笔谈》这些伟大的科学成就，而正是得益于这些科学成就，在古代，中国始终处于绝对的领先位置。

但这一切的领先优势，却在某一个时间段荡然无存，从明代末期沿袭了数年的闭关锁国政策不仅从地域上把中国和国际社会分隔阻断，更是禁锢了中国人的思想。

在思想文化领域，政府和民间一味务实，满足于小农经济的家给人足，偶尔出现的偏才、怪才，不仅得不到社会的尊重，反而在嘲讽和流言蜚语中无奈夭折。类似于"凡尔纳"这般的人才，无法在广大的中国寻找到他们成长的沃土，或者在最开始还进行了一番挣扎、反叛，但在遭遇无数失败之后，只能屈从于命运，成为茫茫大众的一粒微尘，再也没有了声音。

时至今日，在这样一个多元化、开放进步的社会里，这样的矛盾依然没有得到解决。就拿一直为社会所诟病的教育问题来说，并不是投入的资金不足，也不是国家人民对其重视程度、关心程度不够，而是过分模式化的教育，扼杀了我们的想象力，阉割了我们的创新激情。我们的教育一直在量产着技术应用型人才，但是却极难出现一个科技创新型领袖，这是一个非常可怕的征兆，一旦我们的思维模式僵化成一种定式，再想去培养创新意识，那不是投入多少钱，新建多少学校就能做到的。大环境一旦失去，整个民族的文化软实力都将受到重创，进而成为国家发展的短腿项目，制约着中国的和平崛起。

从洋务运动开始，我们中国人就变得十分好学，从清政府的汉阳造，到后来的中正式步枪，我们善于学习任何其他国家和民族的优秀文化。到改革开放之后，我们不断引进西方企业，学习先进的管理经验、企业规划，逐渐发展起了我们自己的民族工业。

在国内，只要有一部影视剧获得成功，在很短的时间里，相似的电影电视作品前赴后继，反复轰炸着观众的眼睛和耳膜。而其他国家的综艺节目崭露头角了，我们也能迅速分析、加紧引进，一个更加专业、极致的复制版作品，不出数日，就能和电视机前的观众见面，比之原作，我们甚至还能更胜一筹。

不是这样做不好，也不是这样做不行，最少大部分的例子确实获得了巨大的成功，但是这一切我们都是付出了巨大代价的。作为学生，我们始终比老师矮了一头，还必须交付数量不菲的学费，就算这样，我们得到的也不过是别人落后、淘汰的产物。属于我们自己的东西，到底什么时候能被我们拿出来？什么时候我们才能完全胜任成为别人的老师？

有时候，我很羡慕那些孩子，在他们的世界里，想象力是与生俱来的，他们无所畏惧、天真烂漫，成人世界里所有被理智否定的"痴心妄想"，在他们的眼里都是真实存在的。他们会用沙子堆砌城堡，用积木建造城市，用梦境遨游天空和海洋，振翅高飞、兴风作浪。他们是何其潇洒，何其幸福，何其伟大！但这一切，这些让人惊叹的想象力，却在成长的过程中分崩离析、荡然无存。曾经我们都是孩子，却在长大的过程里，一天天的不再像个孩子，等到有一天我们开始羡慕那些孩子时，却悲哀地发现，在他们的世界里，是比我们更加富有的。

最近，我和部分作家朋友交流时发现，他们不少是不太关注，甚至是排斥网络作品的，我经常会和他们据理力争，和他们探讨一些网络小说的成功之处，有些人会认可我的观点，但不少还是不以为然。我是经常会花时间去找一些最近比较成功的、点击量较多的网络作品看一看，网络作品天马行空的想象力，以及作者对于时间、空间的巧妙架构，是现在大部分传统作家无法做到的，可能在文字雕琢上和语句精准性方面，因为快速创作的原因，会出现不少问题，但是他们小说中巨大的想象张力、情节故事的曲折跌宕，是极具生命力的，也正是因为这个原因，在如今这个阅读呈现"轻"、"浅"、"快"的时代，他们能被更多的读者认同。

是的，我们需要学习，面对不如别人的地方，自己不了解的领域，我们必须通过学习增强完善。但是学习绝不能成为单纯的模仿，更重要的是要走出自己的路，保持探索创新的原动力，就像当年的改革开放，中国人民用自己的智慧开创出了一个全新的时代。

而对于如今的我们来说，我们活在不少过去人所做的梦境中，可这一切并不值得我们为此而心满意足，作为一个不断进化着的人类，在这样一个不可思议的年代，我们想到的必须比看的更为长远。

第七章

为你，我想成为更好的人

为你，我想成为更好的人

柏拉图说过，我们每个人生来就是残缺的，终其一生都在寻找那个另一半的自己，有的人很幸运，找到了完整的自己，而有的人终其一生，都没能遇到属于自己的爱。

我想我是幸运的，从见你第一眼起，我的心就颤抖个不停，我不敢看你，却又无比渴望看着你，真希望时光就这样停下，你的影子从此就长在我的心里。我用眼睛更是用心收集你的每一个表情、每一个动作，并把这一切牢牢地烙在了我的生命里，我明白，我是找到了那个残缺的自己，这样的笃定，是过去岁月中从未有过的。

最早接触到的，是你所写的文字，《女子如水》——"水若揉进了高粱的性格，人便不醉不归；女子若揉进了水的性格，也能让人如饮酩酊，如痴如醉。"这样的文字着实征服了我，从读到它那一刻起，我的梦中就有了你的影子，我猜测着所有可能的你，是如酒般炽烈？如茶般温润？还是如水般恬淡？因为你，我的梦如此色彩斑斓。

终于见到了你，说不清那一瞬间到底是什么样的感受，及腰的长发、明丽的眸子、那银铃般碰撞的笑声，那一刻，我突然明白，这就是我一直寻找的女子，这一切的一切，在我的梦里梦到过，在我的心头闪现过，在我的诗里，在那些青涩、懵懂的句子里，温柔过。

可我怕和你说话，因为我不敢面对你的眼睛。

那些日子的我是亢奋的，我大声地说话，只为引起你的注意；我抓住一切机会演讲、表现、甚至去出风头，希望得到你的关注；有时候，我把自己偷偷地缩在角落里，关注着你的一举一动，却不想让你知道；可有时候，我又刻意地在你可能经过的地方东游西荡，只为远远的一次和你的相遇、你微微的一笑、你轻轻的一个点头。我是疯了，我是真的疯了！可我却明白，我从没有这样认真、这样清醒。

有相遇就无法避免要面对离别，我其实很清楚离别的日子，这在我心里计算过无数次，但我一直在小心回避这个问题，因为我实在太怕这些美好时光的消失，我太怕和你的缘分就只是这短短的五天，我怕这次离别后就会和你遥遥无期……

分别的前一天，我彻夜未眠，我四处找着熟悉的人说话，我希望用自己的喋喋不休，淡化离别的忧伤；我拿起酒杯肆意地和别人推杯换盏，借此掩饰我的手足无措；我夸张地说着笑着，仿佛一个小丑，在表演着一个人的独角戏。身边的人一个个熬不住去睡了，我一个人坐在如水的月光里，不断回溯着这几天和你的一点一滴，想鼓起勇气对你说些什么，可哪怕最后分别时，我都吞吞吐吐、欲语还休。

之后的日子，每一天都是恍惚的，耳畔是你的笑语，梦境中是你的笑颜，连文字中都无法抹去你的影子。

终于，我打开了自己的心，我一点点地向你讲述着我，也一点点地听着你告诉我关于你的一切，这样的过程是欣喜的，你在我的眼里越发真实，而共同的兴趣、相似的经历，以及相互之间的欣赏，让我们之间的距离在一点点缩短着。

于是，为你，我想成为更好的人！

我想自己能像一个太阳一般，灿烂了自己的生命，也照亮着你。

我想自己能像一个星星，在你廖远的夜空中闪烁，默默陪着你。

我想我会变成更好的人，然后去找你，更加负责任地说爱你！

于是，我选择了等待，耐心地等，努力地等，焦灼地等。

等待的日子是煎熬的，但更是甜蜜的。我重新翻开了那一本本关于爱情的文字，我希望能从他们的等待中，得到关于爱情的蛛丝马迹，也希望这些深情、灼心的文字，能略微抚慰我这一颗不安的心。

谢谢你，因为你，现在的我，如此努力、如此坚定，我想我一定会成为更好的人，为你，更为了我自己！

趁年轻，你要好好学学该怎么长大

——刘同《谁的青春不迷茫》

我们之间，只隔着勇气的距离

2013年，我代表母校中国传媒大学南广学院参加那一届的全国大学生演讲大赛，虽然最后的成绩并不理想，但却成为我人生非常重要的一个转折点。

这场比赛主要带给我三点收获。

第一，我认识了很多好朋友，一起去比赛的几个人除了我，都来自于新闻传播学院，虽然以前有过短暂接触，但都是在比赛的场合，现在有了这样一个机会，让我们拥有更多时间学习交流，一下子就拉近了彼此的距离。短短的几天时间里，我从他们身上学到了很多宝贵的品质，并且他们对我也给予了最大程度的鼓励和关心，这样的经历，直到现在想起，都让我感到异常的温暖。

第二，在校领导的关心照顾下，也在我自己颇有些"死皮赖脸"的讨要下，学院首开先河，为我报销了一千元的车费，虽然比起南京到海南的飞机票，这点钱远远不够，虽然在朋友们的起哄恭维下，这笔钱很快就被挥霍一空。但是这样努力的过程，让我体会到赚钱的不易，更使我明白，很多事情，你不去努力争取一下，你不去尽全力试试，你就没资格怨声载道，更没有权利去妄自菲薄。

第三，通过郭栋楠，我知道了刘同，知道了这个世界还有这样一个为了梦想而不遗余力的人，并且开始逐渐喜欢、逐渐深入了解，这样一个80后青春文学的领军人物。

提起郭栋楠，可能不少人知道他，他现在供职于光线传媒，是同哥团队中极具天分，也是很有想法的一个90后青年。但你们无法想象，这样的结果他到底是怎么争取来的，在他没有实现目标的无数个日夜里，他痴迷地关注着关于同哥的一切，行程、节目、策划，在他所能打听到的渠道，同哥的一举一动他都了若指掌。并且他还有个习惯，把自己所有的作品，不论是视频、创意、照片，全都整理好，打包发到网上，然后开始@刘同。

不知道大家有没有这样的体验，微博的存在拉进了社会名人和我们普通人之间的距离，给我们提供了一次互动的可能。但这样的互动大部分时间都是单方面的，毕竟你面对自己的偶像是"一"，可对于那些大V而言，他所要面对的是千千万万的"你们"，就算是对每一个回复都只答应一声"嗯"，一个下午基本就不用干其他事情了。所以大部分情况下，我们的留言他们是看不到的，更别提能得到回复了。

可值得庆幸的是，名人也是人，偶尔他也会闲着无聊看一看这些社交媒体。郭栋楠对于同哥的骚扰，没有一千也有八百，出于好奇，同哥开始点开一些郭栋楠的作品，开始了解这样一个特殊的粉丝，开始和他互粉、互动，直到最后把他留在自己的团队。

我遇到郭栋楠的时候，正是他创作的高峰期，也是他骚扰同哥最为猛烈的一段时间。这样的情绪深刻的影响到了我，于是，我开始去逐渐了解同哥，开始阅读《谁的青春不迷茫》，开始对比自己的人生，开始为了书中的细节感同身受，进而开始感动。

2014年，我的处女作《我为读书狂》出版，尽管问题重重、文字稚嫩，但是感谢我所有的读者，因为你们的宽容和鼓励，我尽管战战兢兢，却充满了无尽的勇气。我带着自己的作品走进一个个讲台，讲述我的青春和人生，看着台下的你们，看着台上的自己，那一刻，我感受到的不仅仅是光荣，更多的是自己内心的抚慰和梦想展翅高飞的激动。我明白，我没有辜负自己的青春，从前没有，以后更不会！

2015年，同哥来学校讲座，我人在家乡，为了能见到同哥，我毫不犹豫地放下手中的事情，赶回学校，在百般努力下，我得到了一张门票。

那是一张站票，我整整站了三个多小时，蜷缩着的手掌里都是汗水，我知道，就算在那个时候有座位，我也不会选择坐下，因为从走进这个礼堂开始，我的心里就有了一个大胆的想法。

讲座很精彩，这是意料之中的事情，通过网络，我对同哥的演讲风格并不陌生，尽管现场面对面的感觉，带给我心灵更加强烈的震撼。

互动提问环节，话筒始终到不了我这里，我的手举得很高，一个人、两个人、五个人，我知道机会不多了。

"同学，讲完以后，请一定把话筒给我，谢谢了，我很需要。"可能是我的焦急打动了他，话筒在他之后，被放在了我的手中。

"同哥！你好，我叫张启晨，是这个学校大三的学生，我出过一本书，也学习你，做了很多讲座。了解你，是因为你身边的郭栋楠，我的问题很简单，我也想像他一样，在你身边学习一点东西，你能给我这个机会嘛？"我的话语有些颤抖，因为微微的紧张，可能还带有一点忐忑，但更多的是战胜自我的悸动。

全场哗然，同哥，那时的你愣了一下，你有些吃惊，虽然凭着丰富的舞台经验，你很快想到了应对的方式，但你没想到会遇到这样的问题，礼貌地招呼我后，你用略显敷衍的答案回复了我，婉转地表达了你的拒绝。

我当然明白你不大可能会答应，但就算时间倒流，我还是会问，因为那一刻，我要的并不是你肯定的答案，而是此时我站起来向你推荐自己的勇气，因为那一刻，我是没有遗憾的，我被你看见，我被你的观众看见，我心足矣。虽然我的"求职"失败了，但在我内心深处，我是个成功者！

同哥，或许你早已遗忘了我，或许还有些模糊的印象，但我没想到的是，在台下，还有不少人记住了我，在之后的时间里，通过很多意想不到的方式，让我知道了那个选择站起来提问的自己，在那一刻，是多么的青春，多么的耀眼！

可以输，可以败，但你绝不能怕！

二十岁，真是一个异常糟糕的年纪。

在那段时间里，我们没有多少钱，缺乏机遇，经常失败，不懂得表达爱情，也不懂得接受别人的爱，尽管故作潇洒，但内心深处总是无法摆脱惶惑不安。

我们安慰自己，坚持！只要撑过了那一段时间，就一定能够看到希望的曙光。是的，当你来到三十岁时，你会比二十岁风度翩翩许多，你有了一定的经济基础，你成熟淡定，面对爱情，你镇定自若，为人处世，你见招拆招、指挥若定。

可我们悲哀的发现，我们怀念二十岁的自己，我们比任何时候，都希望回到二十岁，享受那个时候的人生。

是啊！有时候命运就是如此的滑稽，在它的摆布下，我们只能在最糟糕的时间里，迎接属于我们的，最美好的人生。

但我们必须记住，二十岁你可以输，可以败，但你绝对不能怕！

你可以表白失败，你可以屡战屡败，但你不能失去对心爱女孩坦诚自我的勇气。

你可以一无所有，你可以被人羞辱无视，但是遇到机会，你仍然不能退缩。

你可以荒唐无知，你可以成为别人眼中的小丑，但面对生活，面对人生，你必须坚定自己的梦想。

二十岁，你可以摔倒，但你要立马爬起来，拍去身上的灰尘。你可以被命运无数次打倒，但就算一瘸一拐，也不能选择放弃你那无比骄傲的青春！

因为年轻，你必须把握好自己的人生。

请记住，二十岁，你可以输，可以败，但你绝不能怕！

最少，这是你自己选择的人生

朋友爱上了一个女孩，一个不爱他的女孩，一个他百般努力仍旧没有爱上他的女孩，朋友没有死心，一直等到那个女孩结婚，一直等到连他都确定，这个女孩今后一定会幸福，他才选择离开。朋友不后悔，因为他真心地爱过。

过去有个同学，在稳定的公务员岗位上干得好好的，突然辞职去搞摄影了，他的摄影并不好，最少比起他稳定的公务员工作，摄影让他的生活质量下降了很多，最明显的表现就是过去请我吃饭都在西餐店，而现在我们聊起这些时，地点换成了路边摊，还需要我来结账。朋友告诉我，他不后悔，因为摄影是他的梦想。

有个大朋友约我去茶馆聊天，地方是市区最好的地方，闹中取静，茶是最好的茶，山泉水泡的陈年普洱，而他是这个茶馆的主人。他突然说他羡慕我，我有些震惊，羡慕我？羡慕我什么？看着他衣食丰足、人生圆满、成熟睿智，我不敢想象，到他这个年纪，我能不能达到他的这个生活条件，我能不能像他这样，对生活如此淡定从容。他告诉我，其实最开始他一点也不想做生意，他喜欢读书，是想成为一个作家，为了这个，他坚持了很多年，却没有等到最后，现在钱赚够了，人也老了，再想写点什么，却发现早已没有当年的心性了，所以他才特别羡慕年轻的我，羡慕我对文字的执迷，羡慕我的活力和青春。

就像那部感动了无数人的印度电影《三傻大闹宝莱坞》，人这一辈子，总有一些事情，是值得赔上自己整个青春乃至于整个人生的，就算全世界都反对，就算梦想在开始时是那么荒唐幼稚，但最少这是你的梦啊！

还记得自己的梦想吗？还是曾经的所谓梦想，都仅仅成了一句年少轻狂，随着自己过去为梦想绘制的蓝图一起被揉成一团废纸，扔进了记忆的废纸篓中，再也找不回了吗？

如今的生活是自己想要的吗？我们可能不愁吃穿，我们可能稳定安逸，我们可能成长为别人希望你成为的样子，但这是你想要的吗？还是你已经记不起，你要的人生到底是什么样的了？

你会偶尔在深夜里辗转反复吗？为了想爱却没有爱到的人，为了没有实现的梦想，为了我们企盼过的人生，情不自禁地泪流满面吗？或许会，但第二天醒来，这些对你还重要吗？

曾经我们都是人生的梦想者，为了梦想可以不顾一切，但当我们一次次对现实选择妥协，一天天的，我们终于长成了自己最不想成为的那个样子。

喜欢《谁的青春不迷茫》，不为其他，只为了同哥选择的人生，尽管累，尽管苦，尽管在这背后，有太多我们无法想象的辛酸，但是最少，这是我们自己选择的人生，就为这，哪怕走了弯路，哪怕走进了死胡同，我们依旧无怨无悔！

有个性，有态度，有观点

因为经常失败，所以内心比任何人都渴盼成功，因此，我常常思考，对于现在的我们，什么才是成功必不可少的条件。

才华？这世界怀才不遇的人数不胜数。

机会？很多时候，就算擦肩而过你都一无所知。

年轻？或许是，但这个世界年轻人太多了，像潮水一般前赴后继，总有后来人，比你更加深刻地诠释着年轻的意义。

关系？或许现在他站在比你更高的位置，但起点的落差难道就可以作为你自我否定的借口吗？

面对别人的成功，面对别人的从无到有，你难道真的能做到无动于衷？

二十岁的刘同并不红，和现在的我们一样，他有的我们也有，他没有的我们也可能有，但是为什么现在，他拥有了我们没有的。

诚然，刘同的成长并不缺乏贵人，在他跌倒时，扶他一把的；在他困难时，两肋插刀的；在他无助时，为他排忧解难的。

但你想过没有，为什么他们愿意为这个年轻人提供帮助？

这个世界难道真的存在无缘无故的爱与恨吗？

并不是，贵人的出现，还归功于你自己，在你的身上，他们发现了他们欣赏的地方，你对事对人的态度和细节，得到了他们的肯定，所以，他们愿意为你的这些闪光点加油喝彩，可能这些并不是你身上能够量化的个人资产，但拥有这些，总会给你带来很多意想不到的收获！

作为一个年轻人，你不能有脾气，更不能充满傲气，记住，就算你取得了一定的成绩，也不过如此，别人不说那是对你的宽容，可这些绝不能成为你不可一世的资本。

但你可以有个性，这不同于标新立异，不过是你不愿在这个批量生产的社会还表现的如此雷同。

你也可以有态度，不是愤世嫉俗，更不是桀骜不驯，不过是因为你可以在这个唯唯诺诺、战战兢兢的时代，还能勇敢的举手说不！

你还必须有观点，如果你总是在别人的意见里摇摆，活在别人的世界里，你的人生又意义何在呢？

为什么我一定要考公务员！

要过年了，要回家了，想想都感到幸福，可有时候，在这万分期待的日子里，总会掺杂一些令人不快的小插曲。

"你对象找了吗？"

"你工作定了吗？"

"你考上公务员了吗？"

听完这些，我整个人都感觉不太好了！

我们在长大，曾经期盼过的自由似乎离我们越来越近，但是大人们对我们的控制欲却越发的强烈，他们给我们建议，灌输属于他们的思想，反复地叮嘱，干涉我们的生活，总希望在我们未来的人生中插一脚。

曾经的我对此举非常反感。

但是现在，我逐渐理解了他们，没有父母不希望自己的孩子过得好，他们给予我们的建议，都是他们认为最好最对的，可能这些想法早已和这个时代脱节，可能我们并不认同他们对于事物的看法，但是最少，他们是真诚的！

看看他们的白发，看看他们的皱纹，看看他们一天天佝偻的背影，他们老了，可却从没忘了爱你。

我的爷爷在近几年患了脑梗塞，对身边的人和事模糊不清，病情严重时，甚至会记不起相识多年的老友。

但我每次来，他总是笑呵呵的，对我问东问西，还一定要听到我的回答，否则就撅着嘴，好像是在耍小孩子脾气。

走的时候，他也一定要冲我摆摆手，很有威严地点一下脑袋，似乎在强调他作为一个家长的威风，我想笑，但更想哭。

我知道，他就算忘了所有人，都不会忘了我这个孙子。

是的，你不一定要考取公务员，但最少你必须拥有一个稳定的工作，他们不在乎你是否为他们增光添彩，但至少你要过得好。

你也不必立马就成家立业，但他们希望你能找到你爱的人，你能拥有家庭生活的幸福安乐，因为对于他们而言，你的幸福比什么都重要。

青春从不曾孤独，因为你还有爱，有牵挂，有家人的寄托，有你对他们的责任！

谁的青春不迷茫

或许你会迷路，因为青春很长，你并不知道眼前的路是对是错。

或许你会哭，因为青春很苦，你会失去很多你原本以为会天长地久的东西。

或许你会疲惫，因为青春很累，正在长大的你背上的负担会越来越重。

或许你会后悔，因为青春很乱，你无法断定你当下的抉择能否做到一如既往。

　　但你必须坚定不移地走下去，趁着年轻，你要好好学学该怎么长大，为了那些爱你的人，为了那些你爱的人，尽管泥泞密布、尽管坎坷凹凸、尽管步履蹒跚，面对前程，面对未来，你也必须勇往直前！

致未完成的青春

——村上春树《挪威的森林》

"如果我爱上你，那一定是不顾一切的，为了你，我什么都能放弃，哪怕是我自己！"

喜欢十八岁的爱情，那时候的爱情幼稚、单纯、却又真实、纯粹，那时候的爱情可能完全没有茶米油盐酱醋茶，却带着一颗最真最真的心，那时候一无所有，却毫无顾忌。可以苦守在楼下，用走调的情歌诉说爱意；更可以翻书查字典，明明一窍不通，却还拼凑出蹩脚的诗歌一诉衷肠；更可以在校园里、大街上、广场中，撕心裂肺的吼一声"我爱你"！

因为爱，你不懂得什么是怕。

这就是《挪威的森林》中所告诉你的爱情，当渡边第一眼见到直子时，很多事情已经注定了，尽管命运的转轮给这两个年轻人设置了无数的阻碍，可两颗同样炙热、年轻、渴望着的心终究是无法拆散的。

但是直子身上，却始终像是蒙了一层层薄薄的雾霭，可能是由于木月的死，也可能是自己心中永远解不开的一个结。尽管在这过程里，直子一直努力用心去突破自己的心理束缚，好好地去接受这一份爱，可却并没有成功。

而另一个撞入渡边生活的女孩小林绿子，却又是截然不同的少女形象，开朗、乐观、情绪化做事，带有微微的叛逆，不可否认；她的出现，带给渡边的是一种全新的爱情体验。

今天翻阅新闻之时，偶尔读到这么一个小消息，那个留下一封辞职信"世界这么大，我想出去看看"的女教师结婚了，是在旅行途中嫁的人，照片中的她笑的甜蜜、温情。

信中书 ——

为你，我想成为更好的人

有时候常常想，这样一个人，这么简单的几行字，为什么会引起社会这么强烈的反应和震荡，又为什么会得到这么多人的祝福。答案很简单，就是这个女教师的真性情打动了你，唤起了我们中大部分人内心沉寂已久的，对生活对爱情的渴望。

这份渴望和真实我们曾经是有的，在渡边这个年纪有，但随着时间的流逝，生存的压力，社会经验的丰富，我们的心被一点点磨平了，成了现在西装革履背后唯唯诺诺的人生。

诚然，青春的爱情是冲动的、无理智的、迷茫的，可正是由于这份幼稚才显得分外可爱。

我们喜欢《挪威的森林》只因为我们是孤独的，社会的冷漠、人性、人心的流离，让我们找不到属于自己的位置。故事中，所有人都在寻找自己的归属，木月失败了，用自杀来对抗命运，直子希望通过改变自己来面对生活，渡边希望通过爱情完成对自我的救赎，就连外表乐观的小林绿子，内心深处也潜藏了许多无法言说的寂寞。

记得一位老作家说过，好的作品，就是通过对某一现象的描写，阐述发生在人类思想深处的共性。

《挪威的森林》所描述的日本，社会发展迅速、资本膨胀、各种思想流派冲击交融，许多原本潜藏在深处的社会问题一点点地浮出水面，社会矛盾尤为尖锐。这时候的人们是茫然的，困惑的，特别是处于思想启蒙、人格形成期的青年，更是无法解决这些国家和个人成长的阵痛，内在的自我和外在的社会无法达成一个完美的平衡，于是颓废、分裂、慵懒、愤怒、冲动，成了这个时代青年的共性，这些问题积压在内心深处，或者是随着社会经历的丰富逐渐被磨平了，但也有一些成为终身无法纾解的心理包袱，用其他更为极端的方式表现出来。

村上所描述的，正是那个时代的日本，但随着全球化进程在世界范围的进军，不少国家和民族同样走入了那个时期。在经济高速前进的同时，对于人性、人心的关注变得越发的微不足道了，而这恰恰成了社会发展最大的隐疾，是每一个人心中无法言说，却客观存在的痛，如果放任这种情绪的蔓延、加剧，势必会为之付出更加惨痛的代价。

人活一世，总会积攒太多遗憾、太多可惜，这令人惋叹，却又无可奈何，比如属于渡边的爱情，比如村上先生和诺贝尔文学奖，擦肩而过却又失之交臂。

但我认为，对于村上先生而言，他的作品已然成功，《挪威的森林》之所以能在全球拥有如此多的读者，正是由于书中对于人物命运的深刻挖掘，书写出了一个可悲可叹的爱情，更是浓缩了一个投射全人类的社会剪影。

青春的迷惘、人心的救赎、自我的抵抗、梦想的幻灭、爱情的追求，在社会的发展历程里，始终困扰着每一个经历着的人，或许此时的你幸运的因为一些人和事，走过了那一段时光，但更多的人还在青春的泥沼中、徘徊，难以逾越！

我们真的会"说话"吗

——蔡康永《蔡康永的说话之道》

从我们出生开始，就在学习怎么说话，当我们喊出第一声爸爸妈妈时，整个家庭都会为之振奋，可我们却要花好久，才能明白这几个字背后的感恩思想，才能学会和父母家人的相处之道。

在我们上学时，有一门课叫做"语文"，这在我的理解里，就是语言文字，我们开始更为系统的学习怎么说话，如何说话，和什么样的人应该说什么话。毕业时，我们的语文成绩有好有差，有人不及格有人考了满分，可这并不能代表你的说话能力，我们在很多场合，依然被父母长辈、同事朋友、密友爱人斥责提醒，他们告诉我们，我们其实"不会"说话！

是啊，我们太不会说话了，在平时生活中，因为不会说话，我们吃了太多的亏。工作时候不会说话，勤勤勉勉完成的任务却没能得到领导的认同；朋友交往时不会说话，自认为很善意的玩笑，却严重伤害了你和他之间的友谊；恋爱交往时不会说话，原本亲密无间的爱情就会在磕磕绊绊中消磨殆尽。

说话让我们吃了太多的亏，但却并没有引起我们足够的重视。

在这个世界上，有不少人是专门依靠说话来赚钱谋生的，比如主持人、播音员、演讲家、配音演员、相声演员。因为职业的原因，他们比其他人拥有更多的机会进行演讲口才的训练，比如这本书的作者蔡康永先生，奔走于各种各样的舞台，尝试了各种各样的场合，面对了各种各样的嘉宾观众，最终才造就了如今的"铁齿铜牙"。

所以，有些人会说，自己又不是吃这碗饭的，也没有这样的锻炼机会，话说的没有他们那么溜，也是无可厚非的。还有一些人表示，不会说话，是因为性格的缘故，自己天性沉默寡言、不善交往，说话这门手艺啊，还当真是勉强不来。

但这些理由在蔡康永先生看来，并不能成为他们不会说话的借口。

说话这项技能，对于世界上大部分人来说，都是公平的。虽然有些人因为先天缺陷或者后天的疾病，没能获得说话的能力，但他们却用其他的，诸如手语这样的语言形式，给我们诠释出了更美的语言状态。

你借口自己缺乏锻炼的机会，可嘴就长在你自己身上，只要你愿意，你可以随时随地、随心所欲地进行说话训练，任何人都可以成为你的老师、监督者、判断者，他们会给你很多很好的建议，告诉你，你的优点缺点，你需要注意的事项，你说话中暴露出的问题。

你借口自己职务平凡、身世普通，可能一辈子上不了一次电视，一辈子也没有几次公众演讲的经历。但你每天却都在说话，见到人时你要说话，别人找你时你要说话，你找到别人时也必须说话，在交流的过程中，语言成为别人了解你、明白你、理解你的重要评判标准，一次愉快的交流可能会促成双方最后的成功合作。同样的，一句说得不得体不得当的话，会让你的整个努力过程事倍功半，甚至功败垂成。

所以，我很建议大家读一读蔡康永先生的这两本《说话之道》，蔡康永先生用通俗的语言、生动的事例、循循善诱的说教，为我们阐述了说话的重要性，并且耐心地指导我们，如何更好地说话、如何说出更好的话，如何把话说得更好。

作为一名优秀的主持人，他所经历的说话场合数不胜数，我一直认为，一个人只要很多年坚持干同一件事，就一定能够做出非凡的成就，比如像蔡康永先生，坚持训练了几十年"该怎么说话"，自然就会成为一个说话方面的专家，比如像明朝时候的天启皇帝，醉心于木匠手艺，夜以继日、精雕细琢，最终"木匠"两个字都必须加在皇帝的前面。

但并不是一条道走到黑，就能曲径通幽、一片光明的。你还必须讲究方法，学会调整改变。以前住的地方，有一个卖炸鸡的店铺，经营了二十多年了，店主为人诚信，手艺精湛，不少顾客都是冲着他这个人和这份不变的口味才去的。离家多年之后再去光顾他的店铺，他向我打听几种外卖软件的使用方法，并且表示自己很快就要和他们进行合作，他告诉我，本来也不大重视这些东西，可没想到受到这些软件的冲击，对自己的生意产生了很大的影响，迫不得已，只好学习了解他们，希望可以跟上时代的潮流。

是啊，我相信他一定会获得成功的，有勇气去改变，并且乐意学习，这个世界上，就没有什么可以难倒他的！

学习！当我们离开大学校园时，很多人就认为自己的学习生涯结束了，这是大错特错的，大学不过交给了你学习知识的方法和理念，日后真正的学习提高还是要依靠你自己。

我们不懂英语，就会向英语说得很厉害的人学习。

我们文章写得不太好，就会选择阅读那些很会写东西的人所写的文字。

我们不大理解某一个专业技能，就会向这个领域的高手专家虚心求教。

可我们不太会说话，却为什么没有向说话很厉害的人学习呢？

是羞于承认自己的语言缺陷？是不太重视？还是你根本没有意识到这个问题？

但这个问题其实早就已经刻不容缓了！

你要知道你在说的同时，别人更是在听，将心比心，难道你不希望你周围的人都很会说话，带给你愉快的听觉体验吗？

所以，为了别人，更为了你自己，和蔡康永好好学学该怎么说话吧！

没有了爱，情何以堪

——朱天心《初夏荷花时期的爱情》

认识那么一个朋友，他爱上了一个女子，那个女子很好，对我的朋友很好，朋友对那个女子也很好，看着她们的幸福，我们除了微微地嫉妒外，更多的是满满地祝福。

有一次，好不容易那个女子有事外出，我们约了那个朋友出来喝喝酒，酒过三巡，一堆大男人带着微微的醉意就开起了玩笑，主要的焦点当然是这个宛如新婚燕尔的甜蜜人，说的正高兴时，朋友突然嘟囔了一句："有时候，真想立马就去死！"

我们听了又是震惊又是诧异，急忙出言安慰，小心地询问到底为什么。

朋友猛干了一口酒，摆摆手说没事："我就是太幸福了，所以就感觉很怕，我怕有一天这幸福突然消失，我怕和她有一天没那么爱了，我怕我们最终不能兑现一起白首的誓言，我就是太怕了！所以偶尔会突然想在这个最幸福的时候死去，这样我和她的爱情就谁也夺不走了！"

我们听了很是惊愕，纷纷出言安慰，但那时候并不能理解他对于爱情如此决绝、悲观的态度。

很多年以后，当一段段爱情发生在自己的身边，发生在自己的身上时，我突然懂了当年的那个朋友，当爱浓烈到一定地步时，你是会异常惧怕时间的前进，因为随着时间的流逝，我们的容颜会变老，你的长发会枯槁，我的眼角会爬满皱纹，你的皮肤将不再温润，我的眼睛也可能不再明亮。我们说了三生三世永不分离，可面对这些变化，我们真的能无动于衷吗？爱情还能一如既往一尘不染吗？况且除了身体，我们的心也在一天天变老，原本的纯粹无暇，也会变得一天天老于世故，时光中那个永远微笑着的少男少女，在岁月的摧残下，终于死在了记忆里。

有时候，我们是不愿意去相信这些的。年少时，每个女孩都会有一个关于王子的梦，王子骑着白马带着你去了一个童话般的世界，从此，生活只剩下无尽的幸福等待你去挥霍。但童话没有告诉你的，是他们拥有家庭之后，生活的琐碎、家居的烦恼是否在一天天地消磨着最初的爱情，曾经的海枯石烂是否在以后一直珍惜如初吗。

在朱天心的笔下，她丝毫没有回避这些爱情的本质，透过生活的细节、心灵的蜕变以及自己对于这些变化的一个诚实的态度，她描绘出了一对丧失了爱情，却依旧因为很多无法回避的联系而保持着婚姻状态的中年夫妇。在他们的世界里，爱情是一种极为奢侈的事情，尽管在回忆里，两人还是拥有很多共同的美好，但因为时间的打磨，曾经的美好大多锁在了记忆中，只有在极为短暂的瞬间才会被不小心想起。大部分时间里，他们不过彼此履行着婚姻的义务，维系着平静却波澜起伏的家庭生活。况且，对于这样一对已经生活多年的夫妻，日子是用来过的，就算没有爱情，也不是什么了不得的事情，孩子、共同财产、社会关系这些婚姻中的附加产物，比爱情本身更加牢固地捆绑住了她们的婚姻！

故事中的"我"并不甘心，有过挣扎，有过尝试，甚至寄托于重新体验恋爱的感觉，找回那些遥远的美好瞬间，但这样的尝试却屡遭挫折，很多东西，一旦失去是很难找回的，就算场景、季节、过程像电影般重新播映，可是曾经那份年少的心动，却留在了二十岁的夏季，再也无法重复了。

朱天心的笔触非常残忍，在她的笔下，第一人称的我是丑陋的、可怜的，不论是面对丈夫、面对子女、面对自己的过去，"我"所表现出的态度都有些过分的卑微，而"我的丈夫"则更是一个猥琐、自负的形象。生活的折磨、人事的勾心斗角、家庭社会的承担，让他对于"我"，更具体的说是对于"我"的感情表现出明显的倦怠感。虽然共同的生活让彼此熟悉对方的全部，甚至是肚腩、身体的污垢、身上残存的毛发这些身体里最让人不堪的细节，但日益减少的情感交流，几乎完全终止的性爱经历，无一不在宣示着，他们的生活中，爱情在逐渐死亡。

不知道大家关注过没有，一直生活在一起的人，由于经常性的见面，对于彼此的变化是察觉不到的。比如说你励志要减肥，明明瘦了十多斤了，可因为这样的变化是在几个月里潜移默化完成的，所以你的家人感觉并不明显，顶多对比过去的照片，感叹一句你的坚持总算有了回报，或者你穿上很久穿不上的牛仔裤，他们对此表示肯定赞许，但是如果你突然在大街上碰到一个半年都没见面的好友，对方肯定是大为吃惊的，随后就会围绕着你的减肥成果，抒发一番长篇大论，并且，可能他回去之后，想到你的惊人变化，再看看自己的肥硕身材，更会思绪万千，进而从身体到心灵都经历了一场激烈的革命！

信中书

为你，我想成为更好的人

朱天心小说最精彩的一笔，就在于"我"偷看丈夫日记这个场景，日记里记的是"丈夫"追求我时发生的事情，那时候的爱情是多么美好啊！第一次牵手的悸动，第一次拥抱时内心的颤抖，第一次亲吻时，整个世界都是温暖的。这样的爱情感动了当时的少年，也感动了此时的"我"，但这个时候，现在的"他"突然回来了，作者实在无法把这样一个苍老、臃肿、冷漠、无神的人和日记中的少年对上，虽然她明白，这几十年的时间双方都互相陪伴，熟悉得都有些令人作呕了，但我实在无法接受，在我看来，就是这个男人谋杀了那个记忆中的少年。

小说中的大部分故事都是破碎的，有真实、有梦境、有日记、有想象的场景，其中夹杂了一些古典文学对于爱情的描述，还有作者犀利的评点，这些无疑成为很多读者的阅读障碍，可这些破碎的故事却用它独特的叙述方式，带给你一个阴冷、嘲讽的中年爱情世界。这样的故事，是对爱情最好的巩固和拯救，它会让少年人更慎重地对待爱情，青年人更理性地判断爱情，中年人更珍惜地拥有爱情。正如朱天心本人一样，虽然创作了如此寒意森森的作品，却仍旧戏谑地在采访中调侃自己的丈夫是一只"公狮子"！

诚实地说，在我这个年纪去谈中年情感危机，实在是有些幼稚可笑，但是，这却是我们这一辈人无法回避的现实。在过去二十年里，比之上个世纪，我们国家的离婚率呈直线上升趋势，甚至，在我的身边，就有不少结婚不到一年就选择离婚的事情发生。我不知道事情的原委到底是如何，可能两人确实缺少共同语言，及早地结束错误的婚姻，也是一个社会走向成熟的表现，但如果存在问题，当时又为什么草率地选择结婚，难道激情退去之后，一刀两断就真的是最干脆、完美的解决方式吗？

值得庆幸的是，我身边的长辈们，用他们朴实却又温暖的感情状态，为我做出了一个好榜样，他们的爱情尽管存在吵吵闹闹、磕磕绊绊，却始终风雨同舟、相濡以沫。有时候真得很好奇，那个年代的爱情，大部分都不是由于纯粹的自由恋爱，而是由相亲介绍、亲朋撮合，但是几十年生活下来，却极少发生不可弥合的矛盾，大多是平平稳稳、顺顺当当的。在我看来，问题的关键并不在于爱情最开始是什么样子，而是他们对于爱情和婚姻所秉持的态度，就像木心先生的那句诗"从前的时间很慢，一生只能爱一个人。"老一辈的人们，对于婚姻有更强烈的责任感，对于另一半有更多的承担和容忍，所以同样面对问题、面对生活里的矛盾，他们的处理方式更加宽容和理性，他们的婚姻生活也更加牢固、坚定。

　　所以，我想和以后的爱人一起读一读《初夏荷花时期的爱情》，不为其他，只为今后能更好地相伴此生，毕竟，我是一个唯爱主义者，要是婚姻中没了爱，那么情何以堪?

信中书 ——

为你，我想成为更好的人

我所理解的"有意思"的小说

——树下野狐《搜神记》

下午和弟弟闲聊，偶尔提到了小说创作，弟弟问我，你读了这么多书，其中肯定有不少是小说，那么什么样的小说，算得上是非常好的呢？

我愣了一下，仔细想了想，才给出了这样的答案："如果一个故事，你有强烈的愿望想把它读完，并且之后还能对你有所启发和思考，这样的小说，就算是非常出色的。"

随后，他告诉了我，他们这个年纪阅读的书目，类比当年，发现除了一些没听过名字的网络小说，大部分还是自己过去所读的经典名著。在提到武侠玄幻作品时，我突然就想起了学生时代的那本《搜神记》。

那时候，阅读课外书是一件"大逆不道"的事情，喜欢读书的，八九成学习都不太好，所以老师教训起来，千篇一律的这句："学习都没搞好，还看什么'闲书'，以后打算就靠这些东西过日子啊！"

但那个时候，手机普及率很低，学生时代又没有其他的娱乐项目，读这些"闲书"，是当时最普及、最适意的娱乐活动。

想想看那时候读书，真是让现在的自己非常羡慕。目不转睛、一目十行、聚精会神、神采奕奕，现在费尽心思才能达到的阅读状态，在当时，炎炎夏日、蝉鸣不休、汗流浃背、老师还在前面讲课，下面的自己却能气定神闲地一边看书一边还提防着讲台上随时而来的突然袭击。

在我的印象里，尽管小心翼翼、处处提防，仍起码有三十来本"闲书"惨遭了老师的毒手，或是没收，或是撕毁。

有时候非常好奇，当时到底是因为什么原因，让我能如此投入、如此专注呢？我想，除了因为学业压力、家庭教育而产生的反抗精神，最重要的原因还是，那时候我们所看的书，非常有意思！

什么样的书才能称之为"有意思"，"有意思"的具体评价标准又有那些，我很想用这部《搜神记》来和大家聊聊，我对于小说的一些理解。

东晋时期有一部志怪小说叫《搜神记》，开创了中国古代神话的先河，我不大清楚树下野狐用这个名字，是不是也有这一层意思，但值得肯定的是，他的这部《搜神记》对于古代神话故事的架构，以及上古传说的情境植入，既做到了天马行空，又兼顾了有血有肉，为我们构筑了一幅洪荒时代的社会蓝图。

自小，我们就在语文课上学习了小说的三要素，环境、情节、人物。老师教导我们用一种相当野蛮的方式，把每一部作品拆解，放在这三要素的框架中进行分析、理解。但在实际阅读中，并不是每部作品都能做到把这三点兼顾的面面俱到，有些作品选择性的表现了其中的一点或者两点，有些作品甚至提出要消灭时间、消灭场景、淡化人物，所以阅读文学作品在一定情况下，是一件吃力不讨好的事情，我们很用心地把一部作品读完了，却惊讶地发现，我们根本不知道他到底在说些什么。

在这里，我无意否定一些文学大师对于小说类型、写法、故事的创新和尝试，也不敢妄议他们的实验性创作孰优孰劣，但从读者的角度来讨论，我们还是希望一部小说描述的就是一个完整的故事，一个完整的有始有终的故事，是更易于被受众接受，也更贴合大众阅读感受的，如果所有故事都断裂分割、支离破碎，那就太考验读者的文学功力了！

在以前，我对小说的理解就是讲故事，至于怎么讲，用何种技巧、何种手法来讲述，这是作者个人文学功力的表现，但首先你必须让读者清楚，你到底在讲一个什么样的故事。

小说这种文学题材，在历朝历代都没能登上主流文学的宝座，甚至在古代，是作为底层文学存在的，并且长期得不到应有的重视。最早的时候，并没有严格意义上的小说，哪怕是故事，都仅仅是存在于上古传说之中，或者是一些诗歌散文兼带着实现了故事的功能，或者是在佛经里，为了宣传宇宙创世，实现宗教教化，借用了故事的形式。

我们已经无从考证，最早的小说故事究竟是什么时间出现的，因为印刷和保存的缘故，就算是有，到现在也灰飞烟灭了，但可以肯定的是，小说，是社会文化发展到一定程度，民间对于此类文学的实际需求，直接刺激产生的。一些在主流文化中心灰意冷的知识分子，在求报无门的状况下，走上了这条道路，他们大多数只是充当了无名英雄的角色，只有少部分在青史里留下淡淡几笔。比如《聊斋志异》的作者蒲松林，一生潦倒、仕途坎坷，却创作出了这部空前绝后的神魔小说。可在中国几千年的历史进程里，小说一定是起了非常重要的作用，尽管文字记录、荣誉标榜寥寥，但口口相传、经久不衰的民间传说，作为一笔优秀且丰富的遗产，充实了中华民族的文化宝库，更丰富了国人千年的茶余饭后。

但是丰厚的文化遗产，既是财富，更会成为一种负累。经过时间检验的故事既然能留存到现在，从一定程度上就证明了它的文化价值，最少从传播学的角度，它是满足了一部分人的文化需求。可在如今的时代，我们用不到一个世纪的时间就创造出了几乎等同于过去所有时间的文化数据，信息的更新速度实在是太快了，大众的审美标准、艺术评判尺度，也在这短短的时间里经历了无数次的变革，古老的传说故事如果不能用一种更为时移势迁、脱胎换骨的方式去诠释，就注定只能待在故纸堆成为极端的小众文化。

所以，有无数的作家创作者们，希望用自己的方式去重新诠释这些经典。

大家可能更为熟悉的是金庸先生，他的众多武侠作品结合宋金、宋元这些历史的断裂带，吸收了前辈武侠故事的精华，经由合理想象，糅合了爱恨情仇、侠义正邪，创造出了一个独立于现实社会之外的，具有特定法则的——江湖。

《搜神记》在这一点上，和金庸先生的写法颇为类似，树下野狐选取的历史是洪荒时代，这一个在史书中记载颇为含糊，并且夹杂了不少神仙鬼怪、神话传说的特殊时期。

我在读这本书的时候，手机还不是智能的，想要搜索一个字词，搞清楚一个地名，可不如现在那么方便，可为了更好的阅读，我翻了不少次字典，人名、地名、植物名大多都颇为晦涩，不是我们惯常使用的那几千个汉字。但是作者启用这些内容并不是无的放矢，处处体现了他的

信中书

别具匠心，比如其中一个神兽的名字起做"毕方鸟"，这在神话传说中是有史可查的，它是火神，也是木神，平时喜好吞噬火焰，曾追随过黄帝。这些特性在《搜神记》中都得到了很好的展现。

小说的主要人物是拓拔野和蚩尤，他们两人性格特征明显，一个温和儒雅、心思缜密、宽厚仁德、情深义重，另一个狂放恣意、大开大合、粗中有细、至情至性。在他们的一路征程里凶险不断、九死一生，却总能遇难成祥、逢凶化吉，在写作套路上和现今不少网络小说颇为类似，但尤为难得的是，除了主体人物之外，其他的出场人物并不显得单薄苍白，每个个体都有它独特的个性、脾气。比如小说中提到的"灵山十巫"，十个人各不相同，个性鲜明，在短短几页的文字里，得到了淋漓尽致地展示，这不仅体现了作者出色的文字驾驭能力，也反映了他扎实的基础文学功底。

对于网络小说，我偶尔也会选取一些读一读，其中的设计、想象、构思，确实令人佩服。但在文字的雕琢修饰、字词章句的润色修改上，就显得异常粗糙、干涩，主要原因和现在的网络写手签约制，以及过于繁重的章节更新速度有关，但作者本身不严谨的写作态度，也是这一恶性循环中重要的推动因素。

小说在今天迎来了一个极好的创作环境，各类文学奖项不断向小说倾斜，影视文化的强势介入，让文字和影像之间的转换轻而易举，互联网数据库的存在，使写作者拥有更多的素材选择，用以支持创作。

但真正的阅读者却越来越少了，喜欢小说、乃至于痴迷小说的群体，在一天天的萎缩。作为一个写作者，我诚恳地建议我的兄弟姐妹们少一些怨责，多一些反思。我们能不能写出更有意思的作品，我们能不能在写作时，多为读者考虑一些，他们想要阅读的是什么样的文字，这是一个多元化的社会，我们需要那些曲高和寡、醉心学问的老学究，更需要一些大众流行的写作者，为更广泛人群创作更适合阅读的文字。

就像是金庸和张恨水，言情和武侠写到极致，同样可以成为一个时代的标杆。

毕竟，现在大家活得都很累，闲下来看点书，就不要让我们太费脑筋了！

年轻人就该多读读历史

——王福生、陈小丽《大变法》

从古至今，学生的本分就是学习，但学习的内容却是处于不断地更新中，为了适应时代的发展、历史的潮流、社会的进步，我们不断吸纳优秀的文化门类充实我们的教育。比如科学和外语，在以前并不被教科书所接纳，但因为对二者的漠视，致使近代中国付出了极为惨痛的代价，痛定思痛，我们开始积极开放地学习教授这些知识，以期笨鸟先飞，为时未晚。

但还有一些科目，不论在中国的哪个时期，都是重中之重，在数千年的时间里，中国人通过对它们的学习，内外兼修，直到今天我们依然从中受益匪浅。

这些科目就包括国文和历史。

国文就是语文，就是我们日常使用的语言文字，通过国文，培养了我们对于民族国家的高度认同。历史上，无数侵略者为了巩固他们对于殖民地的占领，所做的第一项工作就是抹杀该地区的文化特质，野蛮推行他们的语言文字，比如日据时代的台湾，日本侵略者用极为残暴的手段强令国人学习日语，虽然在爱国民众的强烈反对下，收效甚微，但由此愈发突显了国文对于一个国家的重要性。

而学习历史，并不意味着历史本身就会循环往复、周而复始。一个人如果不清楚自己的现在，那么他是糊涂的；一个人如果不规划自己的未来，那么他是迷茫的；一个人如果不了解自己的过去，那么他是悲哀的！

学习历史，就是让你明晰人类社会里的起伏变化、风云际会，其实历史说白了，就是一堆人的故事，他们真实且尔虞我诈，虚伪却肝胆相照，他们是人性的集合，他们是道德的分裂，在这其中，有利益、有义气、有奸诈、有忠诚、有舍有得、有进有退，读着读着，你就会发现，你当时当下的困惑不解，在千百年前，早就有人异曲同工、感同身受，而此时的你，可能殊途同归，也可能柳暗花明，前人是你的历史，而你也会成为后人的历史。

纵观我们中国的历史，说白了就是一部"变法史"，商鞅变法成就秦国最后的统一；汉武帝改革，巩固了大汉的统治；"戊戌变法"引领着中国向着近代化迈进；改革开放才有了现在的中国。

诚如中山先生所言"世界潮流浩浩荡荡，顺之则昌，逆之则亡。"一个善于改变、勇于改变的中国，才有资格屹立于世界，雄踞于地球，才能在国际社会中获得更大的话语权，享受更多的正当权益。

但现在的我们，对那些改变了历史，影响了中国的变法，又了解多少呢？这些变法的前因后果、个中缘由，又是怎么回事呢？我们又该如何看待这些变法？

透过这本《大变法——中国改革的历史思考》，我们或许可以为这些疑问寻找到答案。

最开始，作者并没有急于向我们灌输关于"变法"事件的"一二三四"，而是采用了很大的篇幅，告诉我们，观察历史的角度和方式。

观察历史的角度分为横向和纵向，横向就是历史事件发生的那个时代，有那些人和事直接或间接地对历史事件产生了作用和影响？历史事件放在那个时代是好还是坏？对当时的社会产生了怎样的影响？

而纵向，则是用更为伸展的历史眼光和更为宽广的世界眼光来看待历史，我们要看看在历史事件发生之前，面临怎样的发生环境，我们也要看看在那之后，十年甚至百年，这一事件对于整个时代产生了怎样的影响。

只有同时兼具了横向和纵向的态度来看待一个历史问题，才是具体翔实的，就好像看一个人，既不能一概而论，也不可以三人成虎，有根据、有判断、有思考，才是正确的历史研究态度。

作者举例"商鞅变法"，介绍了在那个时代，改革变法的必然性，并且着重分析了秦国所面临的历史遗留问题、现在社会环境、周边邻国情况，以及社会发展弊端。商鞅作为变法的执行者，无疑对整个变法起着决定性作用，但英雄推动时代，时代也在选择着英雄，假使商鞅并没有出现在秦国，相信一定也会有其他人完成变法的过程，只不过他的存在，大大加快了这一历史进程，虽然最终他成为变法的牺牲品，惨遭五马分尸。

商鞅的结局是悲剧性的，但他的改革成果，使中国第一次出现了大一统的局面，一个统一、团结的中国是强大且自信的，数千年的统一格局，让中国人至今都保有极为强烈的民族凝聚力！

可惜的是，中国人并没有从这次改革中领悟到"变化"对于一个国家和政体的重要意义，反而将这一改革成果绵延了近两千多年，虽然在古代社会，中国曾长期占据领先地位，可在近代，却事事落后、时时落后，最终沉睡了近一个世纪！

在遥远的欧洲，英国通过光荣革命迈入了工业社会，发展迅猛，成就了未来的日不落帝国。

日本"明治维新"，全力推行"脱亚入欧"，成为当时亚洲最为强盛的国家，反复对周边领国进行挑衅、欺凌。

甚至偏安一隅的泰国，通过朱拉隆功的努力，改革图强，实现了民族独立，发展了当时的泰国社会。

可中国，这个亚洲最为古老的国家，却因为过于繁重的历史遗产而寸步难行，在经历了一次次失败后，才被动地进行局部改革，步履维艰。

任何的成功和失败都不是孤立的，英国、日本、泰国之所以能成功推行改革，主要原因在于改革的实行者掌握了绝对的国家权力，反观中国，所谓的光绪皇帝不过是一个穿着华服的傀儡，政令没出宫门，就变成了一张废纸。

本书的最后，主要在谈离我们并不太远的"改革开放"，要不是这次改革，怕是现在的中国仍旧还处在过去的水深火热之中。

可今天的我们，早就遗忘了前辈们的艰辛，反而指责曾经的他们没有给我们创造更好的生存环境。

但仔细阅读当时的改革环境，不论是外部的国际社会还是当时中国的内部情况，都是极为艰难的，稍有不慎，牵一发而动全身，改革的每一步都必须深思熟虑、亦步亦趋，每一次的前进，不但要求快，更要求稳。

了解了这些情况后，让我更加赞叹当时改革者的大胆谨慎、果断刚强，面对中国这么一个庞大且复杂的国家，没有相当的魄力，改革根本无从谈起。

所以他们有资格被我们所铭记，我们更有义务去了解关于他们的过去，历史用它的无数种可能和唯一的结果告诉我们，如今的生活是多么的来之不易！